Henning Prinz (Hg.)

SCHRÄG

KULTVERFÜHRER RUHR

KLARTEXT

Impressum/Bildnachweis

1. Auflage Oktober 2010
Redaktionsschluss: August 2010

Satz, Layout, Umschlaggestaltung
Volker Pecher, Essen
Titelfoto
„Eddi“ Berkenberg (s. S. 104)
von Marc Eckardt
Druck und Bindung
Rasch Druckerei, Bramsche

ISBN 978-3-8375-0276-3
www.klartext-verlag.de

Autoren
Heike Anders, Wolfgang Berke,
Ludger Claßen, Marius Ebel,
Klaus Friedrich, Denise Holthaus,
Sarah Jilge, Verena Lissek,
Holger Müller, Achim Nöllenheidt,
Ralf Piorr, Henning Prinz,
Torsten Wellmann

Fotos
Bärmann, Tobias: S. 118–119
DBM/montan.dok/Sig.070320479501: S. 110
Der Vorstand: S. 63
Eckardt, Marc: S. 13, 18, 22, 29, 36, 40, 43, 44, 45, 46, 48/49, 51, 54, 56, 57, 58, 67, 70, 95, 102/103, 104, 123
Fräulein Coffea: S. 53
Essener Lichtkunsttheater GmbH: S. 86/87
Filmtheaterbetriebe
Hans-Peter Hüster: S. 64
Golland, Dieter: S. 9
Herzmanatus, Klaus: S. 93
hotel chillten bottrop: S. 79
Korn, Michael: S. 99
Krüger, Elke: S. 88
LWL: S. 26/27
Linuxhotel: S. 83
liquid pixels KG: S. 80-81
Lueger, Ralph: S. 125
Medienbüro W. Berke: S. 8–9, 12, 14
Mülheimer Stadtmarketing
und Tourismus GmbH: S. 10-11
Müller, Walther: S. 115
Pecher, Volker: S. 39
Piorr, Ralf: S. 50, 52, 59, 90/91
Prachtlamas: S. 122
Regionalverband Ruhr: S. 73, 75
Schaustellermuseum: S. 96
Schöne Ordnung: S. 41
Soul of Africa Museum: S. 98
Stadt Castrop-Rauxel: S. 20
Stadthafen Recklinghausen: S. 84–85
THS GmbH: S. 21
Timmermann, Hans: S. 117
Trinkhalle für Mensch und Hund: S. 31
Veranstaltungsagentur Prinz: S. 30
Vollmer, Manfred: S. 74
Weber, Kirsten: S. 89
Weiser, H.: S. 71
Wellmann, Torsten: S. 111
www.stadionfreund.de: S. 116
Ziese, Stefan: S. 24, 34, 68/69, 72, 100/101, 108/109, 112/113, 121

Inhalt

Inhalt

Vorwort

Zollverein kann jeder. Zollverein macht ja auch jeder: Wer etwas übers Ruhrgebiet schreibt, darf ums Verrecken nicht Zollverein übergehen. Und wehe, einer kommt ins Ruhrgebiet und pilgert nicht dahin!
Klar, die Villa Hügel, das U aus DO, der Innenhafen und das CentrO sind auch hinlänglich bekannt. Und die Kokerei Hansa, die Haldenlandschaft Hoheward, Gasometer und Aquarius machen ihren Job ebenfalls tipptopp. Von romanischen Kirchen und Turmbauten der Energieversorger ganz zu schweigen.
Aber das Ruhrgebiet kann auch mal völlig unberechenbar zuschlagen. Mit ziemlich schrägen Dingen, ganz egal, ob diese jetzt aus einer Fritteuse oder einer Schmiede stammen. Ob das Viele mitbekommen – oder nur ganz Wenige. Abgefahrenes und Schräges. Manchmal steht man einfach nur da und staunt. Wir im Ruhrgebiet haben dafür eine Lautfolge modelliert: „Neee, nä?"
Es gibt eine Menge erstaunlicher Dinge und Menschen im Ruhrgebiet. Abseits der großen Kunst und der breiten Straßen. Ohne Wegweiser und ohne Marketinggesellschaften. Man muss also wissen wo. Wenn Sie von irgendwoher ein ehrfürchtiges „Das glaub' ich jetzt aber nicht!" hören, dann sind Sie schon verdammt nah dran.
Hier ist der längst überfällige Reise- und Erlebnisführer für das unberechenbare Ruhrgebiet. Für diesen Ver-Führer haben ein Dutzend Klartext-Autoren die Nähkästchen geöffnet. Und stellen ihre Favoriten vor. Plus Geheimtipps. Plus kommende Geheimtipps. Mit allen wichtigen Regeln, Hilfestellungen und Empfehlungen für den gelungenen Survival-Trip durch ein sehr schräges Stück Stadtlandschaft. Neben aller Zuverlässigkeit, Ehrlichkeit, Berechenbarkeit und Bodenständigkeit: Wir können nämlich auch anders!

Viel Spaß!

Der Kirchturm von St. Vitus weist den Weg

ALTE FAHRT, DORTMUND-EMS-KANAL

Wenn die Sonntagsausflügler wieder daheim sind, wird es an der Alten Fahrt des Dortmund-Ems-Kanals erst richtig gemütlich. Das empfinden die einen. Andere berichten von einer seltsamen Magie, die dem etwa sechs Kilometer langen, aber nur 25 Meter breiten Gewässer innewohnt. Dritte wiederum genießen die Stille. Und wieder andere widmen sich in dieser Idylle voll und ganz dem Fisch.

Seit den 60er Jahren liegt die Alte Fahrt, bzw. das, was von ihr übrig blieb, vom Kanalkreuz Datteln bis kurz vor den Ortskern von Olfen im Dornröschenschlaf. Einst führte der Dortmund-Ems-Kanal mitten durch Olfen. Und zwar im 1. Stock, denn zwischen Lippe und Stever wurde der Kanal mit hohen seitlichen Dämmen künstlich um bis zu 15 Meter angehoben. Als man in den 50ern begann, das Gewässer an die dicken Pötte anzupassen und zu verbreitern, war das bei dem Kanalabschnitt im Hochbett nicht möglich. Also wurde hier eine neue Fahrt gebaut und die alte abgetrennt. Geblieben ist ihr Wasser, sind die Brücken mit ihren beachtlichen Trögen, in denen der Kanal auch heute noch über Flüsse und auch Straßen hinwegschwebt. Sehenswerte Bauwerke, ganz egal, ob man sie von oben oder von unten betrachtet.

Den schönsten Blick auf die Alte Fahrt gibt es von der Straßenbrücke Lehmhegge (Olfen-Feldmark). Der schönste Platz, um die Welt mal eine Weile hinter sich zuzumachen, die Einsamkeit zu genießen und sich an der großartigen Natur dieser Industrieruine zu erfreuen. Mehr wird nicht verraten. Nur soviel: Es soll mehrere davon geben ...

Kanalkreuz Datteln (bis Olfen)

AKKURT WASSERTURM, DUISBURG

Manchmal werden Träume Wirklichkeit. 1997 kauften die Brüder Mevlüt und Mustafa Akkurt für 400.000 Euro den 1917 erbauten und in den 60er Jahren ausrangierten Wasserturm im Duisburger Stadtteil Hochfeld inklusive der angrenzenden Industriebrache. „Viele erklärten uns für verrückt, aber wir waren begeistert von dem Objekt", erinnert sich Mustafa Akkurt schmunzelnd. Sechs Millionen Euro und zwölf Jahre später hat sich die einst baufällige und von Tauben verkackte Ruine zu einer schmucken, denkmalgeschützten Landmarke gewandelt. Während viele der modernisierten Büro- und Gastronomieetagen noch auf ihre neue Nutzung warten, wurde das Panorama-Café auf 47 Metern Höhe bereits 2007 eröffnet. In aller Ruhe kann man bei einem reichhaltigen Frühstücksbüffet für 6,90 Euro oder bei Kaffee und Streuselkuchen den Blick von der funkelnden MSV-Arena bis hin zur immer noch industriell geprägten Silhouette von Rheinhausen schweifen lassen. Brücke der Solidarität? Da war doch was. Im reizvollen Kontrast zu der Stahlnostalgie in der alten Stadt „Montan" stehen die von einem aserbeidschanischen Künstler gestalteten Innenwände des Wasserturms, auf denen sich die Weite einer türkischen Eufrat-Landschaft findet. „Zur Zeit kommen noch vor allem Gäste aus der Umgebung, aber durch mehr Werbung wollen wir zu einem Ausflugsziel für die gesamte Region werden", sieht Mustafa Akkurt optimistisch in die Zukunft.

Brüderliches Engagement mit Weitblick

Paul-Esch-Straße 54
47053 Duisburg
Tel. 0203/6693850
Öffnungszeiten:
wochentags 9–13 Uhr
Sa–So 9–19 Uhr
Di Ruhetag

BOTANISCHER GARTEN DER RUHR-UNIVERSITÄT, BOCHUM

An der Architektur der Ruhr-Uni scheiden sich die Geister: Die einen empfinden die Art, in der sie aus Betonklötzen zusammengeschachtelt wurde, als Zeugnis architektonischer Gleichgültigkeit und Menschenverachtung. Die anderen sehen im Erreichen dieses Ausmaßes an Tristesse unirdische Kräfte am Werk.

Den Glauben an das Gute im menschlichen Tun gewinnt zurück, wer Audimax und Mensa hinter sich gelassen hat. Andächtig schweigen die Schwatzhaften, wenn ihr Geist zur Ruhe kommt beim Blick auf das Grün des Botanischen Gartens und auf den funkelnden Spiegel des Kemnader Sees dahinter. Laut preisen die Schweigsamen diesen Hort der Schönheit, der auf 13 Hektar unter freiem Himmel und in vier öffentlich zugänglichen Gewächshäusern vom Kaktus bis zur Seerose, von der Alge bis zur Eiche alle Pracht der pflanzlichen Schöpfung zeigt. Jedem finsteren Yin ist also doch immer auch ein besonntes Yang eng verbunden.

Apropos: Der Chinesische Garten der Anlage gilt europaweit als einzigartig. Als Zeichen der Freundschaft stiftete die Tongji-Universität Shanghai dieses herrliche Beispiel der Gartenbaukunst. Chinesische Architekten und Handwerker schufen 1986 aus originalen Bauteilen und aus 600 Tonnen Gestein dieses Reich der Mitte im Kleinen am hinteren Rand des Botanischen Gartens. Was hier durch die Lüfte fliegt, könnten Elfen sein. Im Tropenhaus sind es bloß Tukane und andere exotische Vögel.

Universitätsstraße 150, 44801 Bochum
Öffnungzeiten: von April bis September tägl. von 9-18 Uhr, ansonsten von 9-16 Uhr
www.boga.ruhr-uni-bochum.de

BROICHER WASSERTURM, MÜLHEIM

Wir schreiben das Jahr 1904. Am Reichsbahn-Ausbesserungswerk Speldorf entsteht ein 38 Meter hoher Wasserturm. Dieser Broicher Wasserturm sorgt dafür, dass Lokomotiven richtig Dampf im Kessel haben. Außerdem sichert er den Betrieb der „Unteren Ruhrtalbahn", einer Nebenstrecke der „Bergisch-Märkischen Eisenbahn". Zwei Jahre vor Ende des 2. Weltkrieges trifft eine Fliegerbombe das Gebäude. Der Turm bleibt unbeschädigt.

Was für ein Glück. Sonst hätte der Broicher Wasserturm nicht seine zwei-

te Karriere erlebt. Sogar eine Weltkarriere! Denn nirgendwo anders auf dem Erdball existiert eine zweite so große begehbare „Camera Obscura“. Nach einer Idee von Prof. Werner Nekes wurde durch die Firma Carl Zeiss Jena die Camera Obscura eingebaut. Das war im Jahr 1992, übrigens für die Firma aus Thüringen nach der Wende einer der ersten wichtigen Aufträge im Westen.
Der Turm befindet sich auf dem Areal der Mülheimer Landesgartenschau, wo auf einer ehemaligen Betriebsfläche dieses industriekulturelle Erbe entstand. Eines der Leuchtturmprojekte im Strukturwandel des Ruhrgebietes. Auf spielerische und zugleich anspruchsvolle Weise vermittelt das Museum den Besuchern die Vorgeschichte des Films.
Offenbar ein lohnenswertes Ziel: Welch großartige Arbeit die Museumsmacher leisten, davon zeugen die Einträge im elektronischen Gästebuch.

Camera Obscura mit dem Museum zur Vorgeschichte des Films
Am Schloß Broich 42
45479 Mülheim an der Ruhr
Tel. 0208/3022605
Öffnungszeiten: Mi–So 10–18 Uhr
www.camera-obscura-muelheim.de

Camera Obscura mit Weltkarriere

DIE BESTE RADTOUR IM RUHRGEBIET

Ein Fahrrad, 30 Kilometer Flachetappe und einen halben Tag Zeit. Mindestens sieben ehemalige Schachtanlagen, drei Eisenbahnlinien und einen Kanal. Drei künstliche Berge und ein echter. Mindestens 20 Brücken und ein ungewöhnlicher Zoo.

Das gibt's im Städtegeflecht zwischen Essen, Gelsenkirchen und Wanne-Eickel. Unterwegs entdeckt man exakt soviel, wie man an einem Nachmittag gerade noch verdauen kann. Wer auf der Suche nach sichtbarem Strukturwandel ist: Bitteschön! Start am Weltkulturerbe Zollverein XII. Besichtigung Pflicht. Dann auf sehr grünen Wegen rauf zum Rhein-Herne-Kanal. Links liegt die Schurenbachhalde mit Richard Serras Bramme on top. Rechts kommt gleich der Nordsternpark (Austragungsort der Bundesgartenschau 1997). Am Kanal entlang bis zur Erzbahntrasse, deren Beginn eine Hängebrücken-Schwinge markiert. Für den Zoom-Erlebnispark braucht man mindestens einen weiteren halben Tag.

Die Erzbahntrasse bietet Ausblicke von oben: Die Stadtgrenze zwischen Gelsenkirchen und Wanne-Eickel scheint aus einer langen Reihe von Brücken zu bestehen. Dann rechts ab auf die ehemalige Trasse der Kray-Wanner-Eisenbahn. Heute ebenfalls Rad- und Freizeitweg. Mit Höhepunkten wie etwa der Halde Rheinelbe (Besteigen: Pflicht) oder dem Mechtenberg rechts in Steinwurfnähe. An den Zechen Bonifacius und Zollverein 3/7/10 kann man noch mal anhalten. Sich stärken, Entdecken, Übernachten.

www.iruhr.de

30 KM erfahrbarer Strukturwandel

DON ALFREDO UND DAS BAHNWÄRTERHÄUSCHEN, GELSENKIRCHEN

Nein, dies ist nicht der Beginn eines Märchens und auch kein Titel einer kitschigen Mafia-Saga.

Don Alfredo alias Alfred Konter weist dennoch so manche Parallele zu Beschriebenem auf. Wahrlich märchenhaft erscheint die Geschichte um sein geliebtes, altes Bahnwärterhäuschen an der Horster Straße. Und voller Stolz war sein langer Kampf um dessen Tradition und Bewahrung.

Alfredo selbst hat von diesem „Hause" aus jahrelang der einst hier kreuzenden Hugo-Bahn den Weg zur Zeche geebnet. Doch auch nach seiner

Don Alfredo auf der Suche nach der goldenen Zeit

Pensionierung blieb er dem einstigen Arbeitsplatz treu, häufig auch gegen den Willen des ehemaligen Arbeitgebers, der Ruhrkohle AG (RAG). Aus wirtschaftlichen Gründen fand das Schrankenhäuschen mit der Zeit keine Verwendung mehr und wurde herrenlos. Doch der Don von Gelsenkirchen nahm sich seiner an. Das über 120 Jahre alte Häuschen hat er inzwischen liebevoll renoviert, daneben einen Teich mit Barbara, der Schutzpatronin der Bergleute, in dessen Mitte angelegt und zudem noch die finale Ruhestätte des letzten Grubenpferdes der Zeche Hugo erschaffen. All die Mühen haben sich gelohnt. Don Alfredo schuf ein Industrie-Denkmal in Eigenregie.

Heutzutage trifft man den vitalen Achtzigjährigen regelmäßig, vornehmlich an den Wochenenden, an seinem Denkmal. Gemeinsam mit einigen alten Kumpeln sinniert er hier bei Pils und Korn über die vergangene Zeit und kommende Herausforderungen.

Alfred Konter alias „Don Alfredo"
Horster Straße
Gelsenkirchen-Beckhausen
Tel. 0209/395790

DORFFRIEDHOF STIEPEL, BOCHUM

Eine der ganz offiziellen, quasi „amtlichen Attraktionen" Bochums ist die alte Dorfkirche Stiepel. Nicht zu Unrecht, denn das aufwändig restaurierte Schätzchen aus Bruchstein und Fachwerk hat summa summarum 1.000 Jahre auf dem Fundament.

Die meisten Gäste, die der Dorfkirche ihre Aufwartung machen, laufen achtlos an der zweiten Attraktion der alten Stiepeler Gemeinde vorbei: Deren Friedhof ist nämlich so ziemlich das zeitlos coolste Exemplar von Grab-Design und Gruft-Art. Und es geht hier ordentlich zur Sache. Schnell wird klar, dass vor 300, 400 Jahren nicht so einfach gestorben wurde. „Hier ruht ... und fertig". Nein, die Steine erzählen Gründe und Umstände des Dahinscheidens, hier wurden ganze Botschaften ordentlich in

Schaurig-schöne Grab-Deko im Schatten der uralten Kapelle

den Stein gemeißelt. Auf manchen Steinen gibt es soviel Text, dass die Buchstaben zum Ende einer Zeile immer schmaler werden. Oder die Endlos-Inschrift auf einem zweiten Stein fortgesetzt werden muss.
Das beliebteste Motiv auf den Grabplatten macht vor allem den Kindern Spaß: Totenschädel auf gekreuzten Knochen, wohin das Auge schaut. Und hier zeigt sich das ganze Können und Elend der Stiepeler Steinmetze: Von 1-a-Totenschädeln bis hin zu Mondgesichtern und Eierköpfen reicht die Palette. Und das alles aus einer Zeit, lange bevor Halloween erfunden wurde.

ev. Gemeindebüro Stiepel
Brockhauser Straße 72
44797 Bochum
Tel. 0234/791337
www.stiepeler-dorfkirche.de

EMSCHER-INSEL

Inseln sind faszinierend. Das sagenhafte Atlantis ist nur als Insel denkbar. Eine weitere sagenhafte Insel erstreckt sich mitten im Ruhrgebiet: Eingebettet zwischen dem Rhein-Herne-Kanal im Süden und der Emscher im Norden liegt ein schmales Stück Land, die „Emscher-Insel". Sie beginnt auf Höhe des Volksparks Kaisergarten in Oberhausen und reicht bis Castrop-Rauxel. Auf einer Länge von 34 Kilometern zieht sie sich wie ein riesiger Schlauch durch insgesamt acht Orte.
Die „Emscherinsel" ist ein kleines Abbild des Ruhrgebiets. Die Insel, die zwischen 30 Metern und zwei Kilometern breit ist, genoss in der Vergangenheit nicht unbedingt den besten Ruf. Neben vier Wohnsiedlungen mit insgesamt fast 7.000 Einwohnern, alten Bolzplätzen und Kleingärten bündeln sich auf dem elf Quadratkilometer großen Eiland die Strukturprobleme des Ruhrgebiets: verrostete Schienenstränge, vergessene Hafenanlagen, zugewucherte Industriebrachen. Über viele Jahre kein sonderlich einladender Ort, zumal die Emscher lange Zeit als schmutzigster Fluss Deutschlands und „Kloake des Ruhrgebiets" galt.
Doch diese Bilder und Gerüche gehören der Vergangenheit an – die Renaturierung der Emscher ist längst in vollem Gange. Das Ende der Steinkohle ermöglicht den Bau eines unterirdischen Abwasserkanals, sodass die Emscher in den kommenden Jahren soweit wie möglich wieder in ihren ursprünglichen Zustand versetzt werden soll. Und der schmale Landstreifen zwischen Fluss und Kanal soll nach dem Willen eines Aktionsbündnisses aus Kommunen, Verbänden und Unternehmen zum Herzstück eines Naherholungsgebietes werden.
Emscher-Weg und Emscher-Park-Radweg erschließen die Insel. Die Route verläuft nicht nur auf der Insel, sondern macht hin und wieder einen Brückenschlag zu den gegenüberliegenden Ufern. Den Weg säumen 20 künstlerische Installationen, Bestandteil der Ausstellung EMSCHERKUNST.2010, sowie dauerhaft errichtete Picknickplätze und Miniparks mit Aussichtspunkten.

www.ag-emschertal.metropoleruhr.de

Huckleberry Finns Abenteuer für Große

FLOSSBAU AN DER RUHR, WITTEN

Einmal auf den Spuren von Huckleberry Finn wandeln und auf Abenteuertour mit einem Floß gehen? Im Ruhrgebiet ist das möglich! Die Ruhr ist zwar nicht der Mississippi, aber auch hier gibt es eine Menge zu entdecken und die Fahrt auf dem schönsten und interessantesten Ruhrabschnitt zwischen Hattingen und Bochum-Dahlhausen wird zu einem wahren Naturerlebnis. Auf der etwa acht Kilometer langen Strecke trifft man nicht nur auf Gänse, Schwäne und Enten, mit ein wenig Glück bekommt man auch Vögel wie Graureiher, Kormorane oder Fischreiher zu Gesicht.

Bevor die Abenteuerlustigen allerdings in See stechen können, steht der gemeinsame Bau des Floßes auf dem Programm. Mit ein wenig Fantasie, Kreativität und Geschick werden Schwimmkörper, Baumstämme, Bretter, Seile oder Schrauben zu den unterschiedlichsten Konstruktionen verarbeitet, mit oder ohne Anleitung. Im Vordergrund steht neben jeder Menge Spaß vor allem das gute Zusammenspiel: In Teamarbeit entsteht ein fahrbares Floß. Daher buchen vorwiegend Firmen und Vereine die Floßtouren als Teambildungs-Maßnahme. Aber die Abenteuerfahrt auf der Ruhr wird auch als Freizeitvergnügen für Stammtische, Kegelclubs oder Schulklassen angeboten.

Nach dem gemeinsamen Floßbau steht allen Beteiligten die Spannung ins Gesicht geschrieben: Wird das Floß schwimmen? Nach einer kurzen Probefahrt legt das Floß endgültig ab zu einer außergewöhnlichen Entdeckungsreise. Gewappnet mit Schwimmweste und Paddeln geht es in Begleitung eines erfahrenen Trainers die Ruhr hinab. Die Floßfahrer können sich dabei entweder fleißig vorwärts bewegen oder ganz entspannt über das Wasser gleiten, die Natur genießen, die Beine im Wasser baumeln lassen oder nach der ersten Herausforderung zum Picknick anlegen.

Team Convention
Tel. 02302/2863030
www.team-convention.de
Outdoor2Business
Tel. 0201/89060101
www.outdoor2business.de

FLUGPLATZ ESSEN-MÜLHEIM

„Sehr geehrte Fluggäste, ihr Flug von Essen-Mülheim nach Paris ist jetzt zum Einsteigen bereit". So mögen die Durchsagen geklungen haben – damals in den 30er Jahren, als der „Rhein-Ruhr-Flughafen" zu den größten deutschen Flughäfen gehörte und von hier fast täglich Flüge zu den Hauptstädten Europas starteten. Die beiden Schriftzüge „Abflüge" und „Ankunft" über den gläsernen Eingangstüren verbreiten zwar noch einen dünnen Dufthauch von großer weiter Welt, allerdings führen beide Pforten in den selben, zumeist menschenleeren Vorraum: Schlangen vor Check-in-Schaltern sucht man hier vergebens. Nach dem Krieg verlor der Flughafen an Bedeutung. Heute wird er nur noch von kleineren Privat- und Geschäftsmaschinen angeflogen. Ausbaupläne scheiterten an politischen Querelen und dem Widerstand der Fluglärmgegner.
Immerhin genießt Essen-Mülheim als aeronautischer Verkehrsübungsplatz einen gewissen Ruf: Drei Flugschulen bilden hier Nachwuchs bis zum Berufspiloten aus. Von der Restaurant-Terrasse aus lässt sich an einem Sommertag herrlich beobachten, wie die Flugschüler ihre Cessnas mehr oder weniger gekonnt auf die Piste plumpsen lassen. Essen-Mülheim ist zudem ein beliebter Ausgangspunkt für Rundflüge. Wer das Ruhrgebiet von oben betrachten will, muss dazu noch nicht einmal ins Flugzeug steigen. So lassen sich auch Flüge mit einem heliumgefüllten Luftschiff buchen. Seit 1972 wurden mehrere dieser Blimps in der zeltartigen Hallenkonstruktion am Essen-Mülheimer Flughafen gebaut.

Brunshofstraße 3
45470 Mülheim an der Ruhr
Tel. 0208/992330
www.flughafen-essen-muelheim.com

FLUGPLATZ SCHWARZE HEIDE, HÜNXE

Richtig laut wird's hier nur, wenn Metal Bands beim allsommerlichen Death-Feast-Open-Air die Gitarrentriebwerke aufdrehen. Was dann aus den Lautsprechern dröhnt, nimmt es in Sachen Dezibel mühelos mit jedem Jumbo Jet auf. Fluggeräte dieses Kalibers findet man hier allerdings nicht: Am Verkehrslandeplatz „Schwarze Heide" geht es eher beschaulich zu. Es gibt Luftsportvereine und Flugschulen, deren Piloten in Segelflugzeugen oder kleinen einmotorigen Maschinen ihre Runden drehen. Hin und wieder starten und landen zweimotorige Geschäftsreiseflugzeuge auf der immerhin 900 Meter langen Asphalt-Piste. Die größte fliegerische Attraktion ist – auch in akustischer Hinsicht – ein russischer Antonov-Doppeldecker, der von hier zu Rundflügen startet. Wenn der seinen Neun-Zylinder-Sternmotor anwirft, bleibt im Flugplatzrestaurant die ein oder andere Kuchengabel in der Sahne stecken.
Für entsprechende Verkehrsdichte sorgen am Flugplatz aber nicht Luftfahrzeuge, sondern Radfahrer: Denn die Kirchheller Heide ist ein beliebtes Naherholungsgebiet mit 100 Kilometern markierter Rad- und Wanderwege. Und viele Radler nutzen den Biergarten des Flughafens gerne für eine kurze Zwischenlandung.
Ein Extra hat der 1959 gegründete Platz noch zu bieten: Er ist Sitz eines ganz besonderen Flugzeugwerkes. Die Kunstflugzeuge, die hier nach Plänen des Firmengründers Walter Extra gebaut werden, genießen weltweit in der internationalen Wettkampfszene einen ausgezeichneten Ruf.

Schwarze Heide 35, 46569 Hünxe
Tel. 02858/390, www.schwarze-heide.com

HAUS FROHNENBRUCH, KAMP-LINTFORT

Ja so warns die alten Rittersleut. Kraft von Milendonk ehelichte seine Magd erst, nachdem Margarete Eykelberg das sechste Kind zur Welt gebracht hatte. Sein Bruder Balthasar hielt sich neben seiner Frau noch die Geliebte Hilleken Brauhoff, die ihm einen Sohn schenkte. Da waren Erbstreitigkeiten auf Burg Frohnbruch natürlich vorprogrammiert. Das alles im 16. Jahrhundert.

Aber nicht nur untereinander gab es Auseinandersetzungen. Die Herren von Milendonk und ihre Nachfahren standen über hundert Jahre lang im ständigen Grenz- und Jagdgebiets-Streit mit der benachbarten Abtei Kamp. Dabei griffen sie mehrmals zu den Waffen. Das ewige Streiten verschlang viel, viel Geld. Doch da waren die Herren von Milendonk sehr erfinderisch. In früheren Jahren gab es sehr oft Menschen, die heiraten wollten oder mussten. Aber leider nicht durften. Schwierigkeiten machten entweder die Eltern, die Kirche oder Behörden.

Als „Reichsfreie Herrlichkeit" durften sie eigene Gesetze erlassen. Die erwähnten Heiratswilligen ließen es sich gerne etwas kosten, das amtlich-kirchliche Ja-Wort sagen zu dürfen. Sie zahlten eine saftige „Gebühr". Dann konnten die Brautleute mit Hilfe der mittlerweile evangelischen Hoerstgener Herrschaft gegen jedes herrschende Gesetz heiraten. Aus Hamburg, Frankfurt, Amsterdam und Brüssel, sogar aus Frankreich und England reiste man zum niederrheinischen Gretna Green an, um den Trauschein zu erhalten. Dieses Hochzeitsparadies endete erst, als die Franzosen unser Land besetzten und die Feudalrechte abschafften. Heute beherbergt das Gut eine Bioland-Landwirtschaft mit Hofladen.

Schlossallee 81, 47475 Kamp-Lintfort
Tel. 02842/41000, www.frohnenbruch.de

HERNER PERSONENSCHIFFFAHRT FRIEDRICH-WILHELM BLEICH, HERNE

Er ist zwar künstlich, dafür aber über 45 km lang und zählt zu den wichtigsten Wasserstraßen der Bundesrepublik: Der Rhein-Herne-Kanal. Doch abseits der vordergründigen wirtschaftlichen Bedeutung bietet dieser Wasserweg allen seetauglichen Kanalbummlern und Ausflüglern ein prächtiges, abwechslungsreiches Bild. So lässt sich das Ruhrgebiet zum Beispiel mit dem Passagierschiff „Friedrich der Große" auf herrlich maritime Weise neu entdecken. Eigner und Kapitän Friedrich-Wilhelm Bleich sticht mit seinem schicken Dampfer ab Herne und Stadthafen Recklinghausen in den Kanal und schippert die Passagiere, adjutiert von seiner netten und adretten Besatzung, bis zum Nordsternpark, Centro Oberhausen oder Henrichenburg.

Käpt'n Bleich schippert über den Rhein-Herne-Kanal

Dabei weiß der Käpt'n mit so mancher Anekdote, seriösem Seemannsgarn und zwinkerndem Auge die Gäste gut zu unterhalten. Über die festgelegten Tagesrouten hinaus werden auch individuell gestaltete Kaperfahrten angeboten. Wer beispielsweise seine Familien-, Vereins- oder Betriebsfeier oder sogar seine Hochzeit auf ganz besondere Weise ausrichten mag und auf Käpt'n Bleichs Traumschiff anheuert liegt genau im richtigen Fahrwasser. Mit einer Handbreit Wasser unter dem Kiel feiert es sich eben umso schöner – und das ist auf dem piratenfreien Rhein-Herne-Kanal garantiert. Ahoi!

Gneisenaustraße 204
44628 Herne
Tel. 02323/9171468
www.herner-meer.de

HOOGENHOF-KAPELLE, KAMP-LINTFORT

Die Kapelle auf dem Hoogenhof in Kamp-Lintfort besitzt ein Fenster mit Motiven aus 26 kleinen bunten Glasscheiben, was für Sakralbauten höchst ungewöhnlich ist. Die Szenen zeigen recht Profanes: Bilder aus dem Arbeitsleben einer Brauerei und eines Wirtes. Fast alle der 26 Scheiben tragen die Jahreszahl 1724.
Die Kapelle des Hoogenhofes entstand später. Wie das? Weit vor Entstehung des heutigen kleinen sakralen Gebäudes entstand eine Brauerei. Darüber baute man eine Kapelle. Wohl, um Gottes Segen zu sichern. Das klappte, die Brauerei florierte und musste erweitert werden. Da stand das Gotteshäuschen im Wege. Der Eigentümer baute eine neue Kapelle an anderer Stelle. Und der ehemalige Andachtsraum über der Brauerei wurde ein Schankraum. Zur Eröffnung brachten Freunde – das war Brauch am Niederrhein – besagte bunte Glas-Farbbilder mit.
Als die wunderschönen Bier-Glas-Scheiben längst arg verblichen waren, gaben die Eigentümer die Brauerei auf. Der Schankraum war überflüssig. Man brauchte Platz auf dem Hof. Die Kapelle zog wieder um zum alten Standort. Und die bunten Glas-Ansichten wanderten mit. So kam das alte Fenster in die neue Kapelle.
Der Hof und das begehrte Braurecht waren noch verbunden. Ein Herr Josef Diebels mietete vor über 100 Jahren den Braukeller unter der Kapelle und braute Bier, die Keimzelle des Diebels Alt. Später gründete er seine eigene Brauerei in Issum. Im Jahr 2009 wurden die Fenster mit der Unterstützung der Familie Bösken-Diebels und vieler weiterer privater Spender restauriert.

Xantener Straße 80
47475 Kampf-Lintfort
Besichtigung:
Tel. 02842/4310
Bei Familie Baaken melden

KELTISCHER BAUMKREIS, CASTROP-RAUXEL

Die in den 90er Jahren geschaffene IBA-Landmarke findet man in der ehemaligen Zechensiedlung auf Schwerin. Hier in Castrop-Rauxel stehen die 40 Bäume des keltischen Baumkreises. In der Mitte der 1920 erbaute Hammerkopfturm, ein ehemaliger Luft- und Personenbeförderungsschacht. Dieses Industriedenkmal ist ein Relikt aus den Zeiten, als die Zeche Erin noch Kohle abbaute und erinnert an den irischen Gründer William Thomas Mulvany.

Doch was hat es mit dem Baumkreis auf sich? Zunächst einmal, er war für die Kelten eine Art Kalender oder Ordnungssystem. Unterteilt nach Jahreszeiten und unterschiedlichen Baumarten stellt dieses mythologische System eine Art Baumhoroskop dar.

Für Nicht-Druiden: Nach keltischer Mythologie haben Licht und Klima Einfluss auf menschliche Eigenschaften. Und jeder der 22 Baumarten in dem 40 Bäume umfassenden Kreissystem steht für ein bis zwei jahreszeitliche Abschnitte. So die Eiche für den 21. März, den Frühlingsbeginn. Die in ihrem Zeichen Geborenen sollen danach widerstandsfähig und kraftvoll sein.

Wer neugierig auf sein persönliches Baumhoroskop ist, findet „seinen" Baum beim Rundgang mittels der aufgestellten Datumssteine. Und die dazugehörigen Eigenschaften auf den Schautafeln.

Ob man an das Baumhoroskop glaubt oder nicht; vielleicht steckt ja doch ein bisschen Wahrheit in jedem Baum? Die Verfasserin dieses Textes ist übrigens ein Ahorn. Dabei wäre sie viel lieber ein Olivenbaum. In mediterraner Landschaft mit Blick auf's Meer.

Bodelschwingher Straße 3
Castrop-Rauxel-Schwerin
immer geöffnet!
www.castrop-rauxel.de

Ein Stück mystisches Ruhrgebiet

NORDSTERNTURM MIT HERKULES, GELSENKIRCHEN

Sieben Hochpunkte mit toller Aussicht bietet die Metropole Ruhr. Einer davon, als Gesamtbauwerk der jüngste, ist der Nordsternturm, Herzstück des ehemaligen Bundesgartenschaugeländes im Süden Gelsenkirchens. Insgesamt 18 Etagen, die oberste in rund 85 Metern Höhe als Besucherterrasse ausgebaut, zählt das denkmalgeschützte und 2009/2010 aufgestockte Wahrzeichen im Stadtteil Horst. Die 100-Meter-Marke knackt der Turm mit der ihn krönenden Monumentalskulptur „Herkules von Gelsenkirchen" des deutschen Künstlers Markus Lüpertz. Ein nicht zu übersehender, im Vorfeld durchaus kontrovers diskutierter, aber auch unbedingt sehenswerter Held für das Ruhrgebiet von 18 Metern Größe, ganze 23 Tonnen schwer.

Die Plastik steht für die großen Aufgaben des Reviers, den Mut und die Tatkraft, die es zu ihrer Bewältigung braucht. Der Riese als Symbol des strukturellen Wandels und als Teil eines der spektakulärsten Projekte der Transformationsarchitektur der Region ist zugleich aber auch Wächter: Über einzigartige Zeugnisse des Bergbaus im Inneren des Bestandsturms und über das darin entstehende neue „Nordstern Videokunstzentrum – Sammlung Goetz/Neuer Berliner Kunstverein". Hier werden ab 2011 im Rahmen von Wechselausstellungen Schätze der Medienkunst aus hochkarätigen Sammlungen in spannender historischer Kulisse zu sehen sein. Turm, Terrasse, Herkules, Bergbau-Fördertechnik, moderne Kunst auf Nordstern – noch ein Geheimtipp, bald ein Muss für jeden Revierbesucher.

THS Nordstern, Nordsternplatz 1
45899 Gelsenkirchen
Tel. 0209/3800
www.nordsternturm.de

Riesig: Herkules-Skulptur von Lüppertz auf dem Nordsternturm

Jennifer I. führt ein strenges Regiment

SPARGELDORF SCHERLEBECK, HERTEN

Sie ist der perfekte Gegenentwurf zu den sattsam bekannten Hungerhaken aus der Modelszene. Jennifer Domnik kommt leicht proper und gleichzeitig sehr, sehr sinnlich daher. Ihre Sinnlichkeit stammt von einem Gemüse, das in Kombination mit Sellerie, Karotte, Aubergine und Zucchini wahre Schmetterlinge in den Bauch zaubern soll. Eine ganz wichtige Voraussetzung für ihren Job: Als Jennifer I. und vierte ihrer Art regiert die 41-Jährige als „Scherlebecker Spargelkönigin" das Spargeldorf im Norden von Herten. Gelegen an den Stadtgrenzen zu Marl und Recklinghausen.

Für Herten, einst bedeutsamste Bergbaustadt Europas, ist dieses schmucke Spargeldorf Scherlebeck ein leuchtender Farbtupfer im Strukturwandel. „Vom schwarzen zum weißen Gold", lässt sich Bürgermeister Dr. Uli Paetzel gerne zitieren. Der Herrschaftsbereich der Spargelregentin umfasst auf 35 Hektar die vier Betriebe Brunnenhof, Bauer Heine, Bauer Südfeld, Schulte-Scherlebeck – allesamt mit Restauration und Hofladen. Dazu der Landgasthof „Schneider in der Ried" sowie die Gärtnerei Franzen. Schnuckeliges Kleinod ist das „Vestische Spargelmuseum NRW" mit wechselnden Ausstellungen. Alljährlicher Höhepunkt im Veranstaltungskalender ist das Erntedankfest. Im Juni eines jeden Jahres trifft sich die Prominenz aus Wirtschaft, Politik, Kultur und Sport zum „Scherlebecker Spargelessen" auf dem Traditionshof Schulte-Scherlebeck. Dort feiert die Gesellschaft den „Spargelsilvester". Touri-Tipp: Besonders geeignet für den Wochenend-Ausflug und als Location für Feiern.

www.herten.de/tourismus
www.spargeldorf-scherlebeck.de
www.spargelmuseum-nrw.de

Der größte tamilisch-hinduistische Tempel Europas

SRI KAMADCHI AMPAL TEMPEL, HAMM

Das höchste Gebäude der Erde? Na klar, steht in Dubai. Und die Hagia Sophia, einer der weltweit größten Kuppelbauten? Ist natürlich in Istanbul zu bestaunen. Ob Taj Mahal, der Turm von Pisa oder Topkapi Palast, viele der kühnsten Werke der Baugeschichte werden als die höchsten, schiefsten, längsten oder breitesten ihrer Art gefeiert, und jeder kennt sie. Wie aber kam es, dass der größte tamilisch-hinduistische Tempel Europas ausgerechnet im Ruhrgebiet errichtet wurde?

Die Geschichte des nach einigen Umzügen 2002 in Hamm-Uentrop eingeweihten Sri Kamadchi Ampal Tempels ist mit der Flucht von zehntausenden Tamilen verbunden, die ab 1983 Sri Lanka verließen, als sich der Konflikt mit der singhalesischen Mehrheit verschärfte.

Das in südindischem Stil erbaute Portal des Tempels ragt 17 Meter hoch über die streng nach rituellen Vorgaben konzipierte 700 m^2 große Tempel-

halle hinaus. Im Innenraum stehen mit mythologischen Figuren und Ornamenten reich verzierte Schreine, die von Arbeitern aus Indien geschaffen wurden. Die Göttin und Namenspatronin Sri Kamadchi Ampal blickt „mit den Augen der Liebe“ vom Zentralschrein in Richtung Osten, zur aufgehenden Sonne.
Wer den Tempel besucht und die Farbenpracht sowie den Duft aufnimmt, der vergisst für eine Weile, dass er sich tatsächlich im Ruhrgebiet aufhält.
Mit dem tamilischen Gruß „Vanakkam“ heißt Priester Siva Paskaran die Besucher herzlich willkommen. Die Gläubigen verbeugen sich beim Betreten des Tempels mit zusammengefalteten Händen und sprechen diesen kurzen Gruß, um den Göttern Respekt zu erweisen.

Siegenbeckstraße 4-5
59071 Hamm
Tel. 02388/302223
Öffnungszeiten:
tägl. 8-14 und 17-20 Uhr
www.kamadchi-ampal.de

WESTERNREITEN AUF DER SUNRAY RANCH, BERGKAMEN

John Wayne konnte es, Robert Mitchum sowieso. Meinem Nachbarn Franz aber fehlte neben der Eleganz schlicht der Halt. Denn Westernreiten hat nichts zu tun mit dem gemächlichen Ritt der untergehenden Marlboro-Sonne entgegen, Westernreiten ist rasanter Sport. Und tut weh, wenn man es nicht gelernt hat. Deshalb ist die Sunray Ranch im Stadtteil Overberge etwas Besonderes für alle Pferdefreunde und die, die es werden wollen. Hier kann man alles erlernen, was zum Westernreiten gehört, vom Tageskurs bis zur Turniervorbereitung. Oder einfach ein großes Westernreitturnier besuchen.
Schon mal was von „Cutting“ gehört? Oder von „Reining“? Letzteres gilt als „Dressur des Westernreitens“. Hört sich ganz bequem an, ist es aber nicht. Weil Aufgaben wie Sliding Stop (gleitende Vollbremsung aus vollem Galopp auf der Hinterhand des Pferdes), Rollbacks oder schnelle Spins (180-Grad-Wendungen bzw. 360-Grad-Drehungen auf der Hinterhand) dazugehören. „Cutting“ ist noch spektakulärer und nicht umsonst ein Zuschauermagnet und, ganz nebenbei, der Sport mit den weltweit dritthöchsten Preisgeldern (nach Tennis und Golf). Denn hier wird der verborgene Prärietraum unserer alten Westernserien-Kultur wahr. Hier müssen Reiter und Pferde Rinder aus einer Herde isolieren. Und wenn das Pferd (übrigens selbständig) die Flucht-Bewegungen des Rindes mitmacht, dann fühlt man sich im Sattel – frei nach Herbert Knebel – „wie ein Krupps-Drei-Mix auf allerhöchste Stufe“.

Friedhofstraße 26
59192 Bergkamen-Overberge
Tel. 02307/22634, www.sunray-ranch.de

Gestern Kohle, heute Wohn- und Lebenskultur vom Feinsten

ZECHE WALTROP

Waltrop, das ist eine von den kleinen Städten, in denen man sich ein Häuschen im Grünen kauft – wenn man so was mag und es sich leisten kann. Ungefähr 7.000 der 30.000 Einwohner pendeln zur Arbeit aus der Stadt raus. Es gibt keine nennenswerte Industrie, anstelle von Stadtteilen gibt es „Bauernschaften", Teile der Innenstadt sind von Fachwerkhäuschen geprägt. Und doch hat Waltrop eine stolze Bergbau-Vergangenheit, die kurz nach 1900 begann und gut 70 Jahre dauerte. Der Staat Preußen ließ hier Kohle fördern, um die Flotte unter Dampf zu halten. Die Zeche Waltrop wechselte nach dem Ersten Weltkrieg mehrfach den Besitzer, geschlossen wurde sie am Ende durch die RAG.
Gibt es in dieser grünen Pendlerstadt Spuren des Bergbaus? – Oh ja. Wirken sie wie ein Fremdkörper? Oh nein. Die Tagesanlagen der Zeche sind geradezu liebevoll renoviert, liegen – wo sonst? – hübsch im Grünen. Und wenn man nicht weiß, dass dies mal eine Zeche war, käme man so leicht nicht darauf. Das Fördergerüst wurde abgebaut, den denkmalgeschützten Hallen in ihrem einheitlichen, historisierenden Stil haftet nichts an von Ruß und Maloche. Passend ist die heutige Nutzung: Manufaktum, Versandhandel für den Besserverdiener mit nostalgischer Ader, hat hier Verkaufsraum und Verwaltung; die Firma Hase fertigt hier ihre „Spezialräder", darunter jene Gefährte, auf denen man halb liegend radelt; und in der Maschinenhalle, in der auch noch eine Fördermaschine steht, ist eine Galerie untergekommen.

Hiberniastraße
45731 Waltrop
www.waltrop.de

BERGMANN BIER, DORTMUND

Für das Phänomen „Bergmann Bier" braucht es einen Ausflug in die Revier-Geschichte: Im letzten Jahrhundert pflegte der Kumpel „datt schnelle Pilsken im Stehen" nicht nur in Eckkneipen, sondern auch an Kiosken. War es die Zweckentfremdung des Nudelholzes durch die Frau, die diesen Urtyp eines ToGo-Konzeptes hervorbrachte? Nein, den Bier-Stopp nach der Maloche förderte ein hoher Entspannungswert plus ein verführerisch großes Angebot regionaler Produkte. Denn: Mitte der 60er Jahre kam ca. jeder zehnte Liter Bier in Deutschland aus Dortmunder Sudkesseln und die Westfalenmetropole konnte sich rühmen, Bierhauptstadt der Republik zu sein. Im Laufe der 70er Jahre verdrängte das leichtere Pils die hiesige, starke Export-Spezialität. Heute bedienen nur noch kleinere Privatbrauereien den regionalen Markt. Und Unternehmergeister wie Thomas Raphael, der erfolgreich den Sp(i)rit vergangener Tage wieder aufleben ließ. Er erwarb die Markenrechte am Klassiker „Bergmann Bier", der von 1796 bis 1972 in Dortmund-Rahm produziert wurde. Seit 2007 kocht Raphael seinen eigenen Sud. Zuerst bei Vormann in Hagen, bald mit zunehmend Dampf in der eigenen kleinen Braustätte. Das Highlight neben Schwarzbier, Pils und Spezial? Natürlich Export, das mit leichter Süße bewusst an die Blütezeit des Lagerbiers erinnert. Der Clou: Raphael gab nicht nur dem Autor dieses Textes sein Lieblingsbier, sondern der ganzen Region ein wohliges Stück Identität und Nostalgie an die Hand. Sein Slogan? Eine Reminiszenz an alte Tage: „Harte Arbeit, ehrlicher Lohn". Und das Schönste – hier schließt sich der Kreis: Erste „Vertriebsstelle" bleibt nach wie vor der Dortmunder Kiosk, in dem Thomas Raphael zuweilen noch selbst das Bier auf die Straße reicht. Prost!

Der Kiosk, Hoher Wall 36
44137 Dortmund, Tel. 0231/7002590
Öffnungszeiten: Di–Do 16–21,
Fr 14–22, Sa 10–22 Uhr
www.harte-arbeit-ehrlicher-lohn.de

GRÜNE BUDE, HERTEN

Die offiziellen Stadtfarben von Herten sind rot und grün, die Farbe im Herzen vieler Wasserstoffstädter ist allerdings königsblau. Als die Eurofighter aus dem benachbarten Gelsenkirchen 1997 den UEFA-Pokal erkickten, strichen einige Fans im Freudentaumel die „Grüne Bude" auf der Langenbochumer Straße kurzerhand blau-weiß an. Ein Frevel! Denn im Pachtvertrag ist festgehalten, dass das Büdchen grün auszusehen habe.

Die „Grüne Bude" ist der quicklebendige Mikro-Kosmos für den einstigen Bergbau-Stadtteil rund um den Pütt „Schlägel & Eisen": Das Rechteck, das woanders im Ruhrgebiet schon mal Klümpchen-Bude heißt, ist Nahversorger und Bürgertreff zugleich. Und das seit 1923. Auf den knapp 20 Quadratmetern finden schon mal 20 Gäste Platz. Zwischen Verkaufstheke, Kasse, Kühlschrank und auf der Holzbank mit dem ultimativ karierten Bezug. Als Bodenbelag dient ein altes Förderband.

Chefin ist Birgit Glöckner. Sie begann als Bierholerin für ihren Mann. Es folgte ein Aushilfsjob. Schließlich übernahm die 45-Jährige das Holzhaus. Punkt elf gehen jeden Morgen die Rolläden vor dem kleinen Fenster hoch. Bier gibt's wunschtemperiert. „Kühlschrank oder Kiste", fragt die schlanke

Frau. Sie weiß auch, dass der reinrassige Retriever eines Kunden am liebsten Erdbeer-Eis mag. Noch was meint sie zu wissen: Sollte Schalke irgendwann die Schale holen, dann ist die grüne Farbe der Grünen Bude wieder gefährdet ...

Birgit Glöckner
Langenbochumer Straße 203
45701 Herten, Tel. 02366/184620

MONI UND WERNER'S KAFFEEBUDE, ESSEN

„Ich geh ma ehm anne Bude Zaretten holen." Doch meistens bleibt es nicht bei der Zarettenschachtel allein. Oft wird hier noch ein Pilsken getrunken und ein Pläuschken gehalten. „Hier", das ist die Bude um die Ecke – ein Phänomen im Ruhrgebiet, früher auch liebevoll Klümpkes- oder Seltersbude genannt. Rund 18.000 davon gibt es in dieser Region und sie sind für viele Menschen nach wie vor ein wichtiges soziales Kommunikationszentrum. Stellvertretend für diese Buden steht Moni und Werner's Kaffeebude am Bahnhof Altenessen, die ihren besonderen Charme schon seit weit über 50 Jahren versprüht. Die imposante Angebotspalette bietet alles, was das Herz begehrt: Heißer Kaffee für die Faust, Alkohol- und Nikotinhaltiges, Zeitschriften aller Couleur, deftige Frikadellen und natürlich alle Leckereien für „eine gute Tüte Buntes". Zum Verweilen laden die Stehtische im liebevoll geschmückten Holzverschlag ein, der um die ursprüngliche Bude herum gebaut wurde. Begehrliche Blicke auf die hier aufgehängten einschlägigen Kalender erfreuen bei Bedarf das Gemüt der vielen Stammkunden. Für den Sommer stehen sogar Sitzmöglichkeiten im Gärtchen nebenan parat. Etwas Wehmut kommt auf, da Inhaber Werner Zander einen Neubau des Kiosks an Ort und Stelle plant – so sollte man einen Besuch bei Moni und Werner nicht auf die lange Bank schieben. Die neue Bude allerdings, so versprach uns der Chef, soll genauso werden, wie die Jetzige. Wir sind gespannt!

Krablerstraße 1, 45326 Essen
Tel. 0221/340962
Öffnungszeiten: tägl. 4.15–17 Uhr

Werner und seine Blondinen haben ordentlich was auf der Pfanne!

TRINKHALLE DÜNKEL, CASTROP-RAUXEL

In der ehemaligen Werkssiedlung von Rütgers findet man ein Relikt aus den 50er Jahren; die „Trinkhalle Dünkel" direkt am Sportplatz des VfR-Rauxel 08. Hier steht Anneli Dünkel seit ihrem zehnten Lebensjahr „am Schalter". So nennt die Castrop-Rauxelerin liebevoll die kleine Luke des Verkaufsraumes, wo in den letzten 60 Jahren so manche Mark und so mancher Euro seinen Besitzer wechselte. In dem kleinen Raum stehen die Bonbondosen in maßgeschneiderten Regalen, die beliebtesten Sorten natürlich direkt vorne an der Glasscheibe zum Gehweg hin. Auch Zeitschriften, Getränke und Zigaretten dürfen natürlich nicht fehlen.

Gleich nebenan kann sich die redegewandte Inhaberin im „zweiten Wohnzimmer" zurück ziehen. Dort stehen noch die Möbel der Kioskgründerin, ihrer Mutter. Unzählige Fotos am Vitrinenschrank rufen alte Erinnerungen wach – an Zeiten mit Esspapier und Brause „vonne Bude".

Der Kiosk selbst ist seit seiner Bauzeit bis auf einen Mosaiksteinsockel und neuen Anstrichen kaum verändert worden. Auch wenn die Zeiten mit den Brummifahrern des Chemiewerkes oder den Anlegern des Kanalhafens vorbei sind – die Stammkundschaft hält zu Anneli Dünkel. Schließlich führt sie noch als Einzige den Lieblingstabak oder weiß, was in der Siedlung so los ist. Denn an Frau Dünkel ist, wie sie selber sagt, „eine Gisela Schlüter verloren gegangen".

Wenn die Fußballsaison wieder startet, sitzen die Fans treu hinter dem Kiosk auf der Bank und feuern ihren Verein an, bei einem Bierchen von Anneli Dünkel.

Voerdestraße 11
Castrop-Rauxel
Tel. 02305/76687

Zwei Fliegen mit einer Klappe: Die große von Anneli Dünkel und die kleine vom Kiosk

„Bitte ein Bier, Herrchen zahlt!“

TRINKHALLE FÜR MENSCH UND HUND, DUISBURG

Im wahrsten Sinne „auf den Hund gekommen“ sind die beiden Inhaberinnen Christel Frank-Jetzki und Dagmar Krey im Jahre 2005, als sie ihre Trinkhalle für Mensch und Hund in Duisburg-Neudorf eröffneten.

In der Koloniestraße, nicht weit vom MSV-Stadion, haben sie ihre Kundschaft. Dort freuen sich Hund und Mensch beim Gassi-Gehen im angrenzenden Naherholungsgebiet auf das außergewöhnliche Angebot. Während für das Herrchen Zigaretten, Kaffee oder Brötchen über den Verkaufstisch gehen, freut sich der Hund über Leckerchen. Nach Wahl trocken oder feucht, für den Senior, Allergiker, Übergewichtigen oder Sensiblen.

Die beiden Hundehalterinnen bedienen mit ihrem Angebot eine echte Nische. Und die wird sowohl von den Zwei- als auch von den Vierbeinern gerne angenommen. Zumal der Slogan „Gut im Futter“ für die beiden pfiffigen Inhaberinnen Programm ist; ihre Hunde-Kundschaft bekommt nur hervorragendes Futter, ohne Konservierungsstoffe und Tierkadavermehl. Zum Mitnehmen oder direkt am Kiosk aus dem Napf.

Aufgrund der großen Nachfrage haben die gelernte Sozialpädagogin und die Kauffrau auch Zubehörartikel wie Hundeleinen, Spielzeug und auch Katzenfutter mit in ihr Angebot aufgenommen. Letzteres wohl eher als Mitnahmeartikel?

Schließlich lassen sich Katzen sehr ungern an der Leine ausführen ...

Koloniestraße 247
47057 Duisburg
Tel. 0203/8078122
Öffnungszeiten:
Di, Mi, Fr 13–18.30 Uhr
Sa 11–16 Uhr und nach Vereinbarung
www.gutimfutter.de

SCHLOSSTHEATER, MOERS

Sicher, in Moers steht Deutschlands kleinstes Stadttheater. Gerade einmal 60 Zuschauer finden Platz in seinem Hauptraum am Kastell 6. Ein Haus, das Zimmeratmosphäre, das intime Nähe garantiert, könnte man jetzt folgern und den Beitrag abschließen. Aber das Schlosstheater bietet mehr als das. Denn wo bitte schön „geht das Theater in die Stadt und holt die Stadt ins Theater"?

Das Motto von Intendant Ulrich Greb ist durchaus keine joviale Werbekampagne aus irgendeiner Marketingbude, sondern wird mit Leben gefüllt. Greb, der sein Publikum früher bereits auf die Halde Haniel oder zum Klärwerk Emschermündung bat, hat in Moers gleich mehrere neue ungewöhnliche „Theaterorte" aufgebaut –, da ging Jordi Galcerans „Grönholm-Methode" im Ratssaal des Neuen Rathauses über die Bühne, da lief das „Projekt über das Jüngern" zwischen Fitnessgeräten in einer Moerser Muckibude, und „König Lear" hielt Einzug in einer ehemaligen Tennishalle. Mit der Wahl der Bühnen korrespondiert die experimentelle Themenvielfalt. Und die hat Geschichte. Seit der Gründung 1975 steht das experimentierfreudige Ensemble des Schlosstheaters unter den Intendanten Holk Freytag, Pia Bierey, Rupert J. Seidl, Johannes Lepper und, seit 2003, Ulrich Greb wegen seiner politisch engagierten Stücke, seiner ungewöhnlichen Klassiker-Aufführungen, seiner provokativen Annäherungen und seiner innovativen Projekte immer wieder im Blickpunkt der Öffentlichkeit. Mehr noch: Durch das immer neu fortgesetzte Zusammenspiel mit sozialen und kulturellen Initiativen und Einrichtungen ist das Theater zu einem Forum geworden – eine lebendige Interaktionsstätte zwischen Publikum und Ensemble. Nirgendwo ist die Grenze zwischen Fiktion und Wirklichkeit so schmal wie in Moers, wenn im Stück „Ich muss gucken ob ich da bin" (2005) Demenz-Patienten mit Schauspielern gemeinsam auf der Bühne stehen, Situationen und Beziehungen ständig neu erfinden und das Publikum manchmal nicht mehr zu wissen scheint, wen es vor sich hat.

Übrigens gibt es auch im Kartenbereich seit Beginn der Spielzeit 2009/2010 ein ungewöhnliches Angebot: Für 89,- Euro bietet die neu geschaffene Theaterflatrate ein ganzes Jahr Zugang zu den Vorstellungen des Schlosstheaters.

Kastell 6
47441 Moers
www.schlosstheater-moers.de

SCUDETTO SHOW

Davon träumen viele im Ruhrgebiet: Den ganzen Tag an nichts anderes denken als an Fußball und davon auch noch leben können ...

Einer hat es geschafft: Ben Redelings, geboren 1975, lebt und arbeitet als freier Autor und Filmemacher. Er studierte Deutsch, Sozialwissenschaften und Niederländisch in Bochum und Amsterdam auf Lehramt. Nach dem ersten Staatsexamen entschied sich der passionierte VFL Bochum-Fan für ein Leben mit dem Fußball. Angestachelt durch ein Fußballseminar im Rahmen des SOWI-Studiums veranstaltet er ab 2001 fußballkulturelle Abende, anfangs unter dem Titel „Tore, Punkte, Meisterschaften" und seit 2003 mit dem Slogan „Scudetto". Die Veranstaltungen, eine Mischung aus Lesung und standup Comedy, wurden schnell zum Geheimtipp. Legendär sind inzwischen Scudetto Shows mit den Protagonisten Peter Neururer, Stefan Kuntz, Willi Lippens und seinem VFL-Leidensgenossen Frank Goosen. Der Kabarettist war auch regelmäßiger Gast auf Redelings Video-Kolumne „Scudetto-TV", die ein Jahr lang auf „Spiegel-Online" zu sehen war. Im Frühjahr 2004 veröffentlichte der „Fußballkulturschaffende in Vollzeit" (1 LIVE) dann seinen ersten Film, eine Dokumentation über den VFL Bochum. Daneben schreibt er in Magazinen und Büchern fleißig über des Reviers liebstes Kind. Mit seinem aktuellen Buch „Dem Fußball sein Zuhause. Pöhlen, Pils und Pokale entlang der B1" tingelt der Dauerkarteninhaber (Stehplatz Ostkurve) durch den Pott und erklärt, warum er seine Heimat gegen nichts auf der Welt eintauschen würde.

Termine unter: www.scudetto.de

TEGTMEIERS ERBEN, HERNE

Kleinkunst in und „außem Ruhrpott" ist heute Kult. Herbert Knebel (und sein Affentheater), die (seit 2005 leider auf Solopfaden wandelnden) Missfits, Piet Klocke, Fritz Eckenga und seine N8chtschicht, Tana Schanzara, Popette Betancor, Heinz-Peter Lengkeit, Willi Thomczyk, Atze Schröder, Helge Schneider oder Dr. (Ludger) Stratmann – um nur die bekanntesten zu nennen – füllen mit ihren Programmen nicht nur beliebig große Säle, sondern auch eigene Radio- und TV-Formate.
Vom prolligen Knebel-Entree „Boh glaubse" über die ziselierte Klocke-Wendung „Neulich, also ... ich ... nicht wahr?", den rotzfrechen Missfits-Figuren Matta und Lisbeth bis zum mütterlich-derben Tonfall der leider verstorbenen Schanzara oder zur musikalisch-akzentuierten Verschrobenheit der Popette – die stimmige Mischung aus Parodie, Musik, Komik und Satire hat bundesdeutsche Maßstäbe gesetzt und ist längst eines der Aushängeschilder des Ruhrgebiets.
Geprägt wurde die ruhrdeutsche Kabarett-Szene von einem der ganz großen Satiriker deutscher Couleur: Adolf Tegtmeier alias Jürgen von Manger (1923-1994). Der in seiner Wahlheimatstadt Herne wirkende Manger („ährlich!") machte das bis in die späten 60er Jahre noch als Sprache der intellektuell Minderbemittelten angesehene Ruhrpott-Idiom auf bundesdeutschen Bühnen salonfähig und bereitete damit den Boden für die folgenden Komikergenerationen. Zu seinem Gedenken veranstaltet die Stadt Herne seit 1997 einen Wettbewerb, der junge Comedy-Talente und verdiente Kabarett-Größen alle zwei Jahre auszeichnet. Titel der renommierten Schau: „Tegtmeiers Erben".
Sechs Finalisten werden bei diversen Vorentscheidungen ausgewählt, die vier Sieger des Finales in den Herner Flottmannhallen – neben dem Jury- und dem Publikumspreis, die jeweils mit 4.000 Euro dotiert sind, werden zusätzlich noch zwei Ehrenpreise vergeben – erhalten symbolträchtig eine Kopie des Hamburger Elbseglers, wie die legendäre Kappe von Adolf Tegtmeier/ Jürgen von Manger genannt wird.

www.flottmann-hallen.de
www.herne.de

Kreatives Begegnungszentrum

UNPERFEKTHAUS, ESSEN

Der Name ist gut gewählt. Weil er ungewöhnlich ist und deshalb auffällt, aber auch weil er programmatisch ist – wenn man unperfekt mit kreativ und perfekt mit Stillstand definiert. Das Unperfekthaus (UpH) beherbergt im alten Franziskanerkloster mitten in der City auf sechs Etagen (eine Fläche von ca. 3.400 m²) ca. 70 Bühnen, Labors und Ateliers, dazu Internet-Computer und ein Café/Restaurant, das täglich von 10 bis 23 Uhr geöffnet hat mit einfallsreichen Angeboten. Dennoch ist es weit von einem bloßen Proben- und Aufführungsort entfernt. Das UpH ist im besten Sinne ein öffentlicher Ort, ein Treffpunkt, ein selbst ernannter „Multi-Veranstaltungsort", der Künstler aller Couleur mit einem divergenten Publikum zusammenbringt oder Räume und Logistik für Firmenfeste, Privatfeiern, Gruppenausflüge und Seminare bietet. Hier gibt es weder Starallüren noch Vermittlungsstrategien. Feste Veranstaltungstermine oder einfach mal vorbeischauen – die Besucher können tun und lassen, was sie wollen. Der Angebotsvielfalt sind scheinbar keine Grenzen gesetzt: Von Afro-Musik und audiovisuelle Mikrokosmen über Cartoon-Animation, Rebalancing Massage bis hin zu Drehbuchspiel und Fahrradbau ...

Im August 2006 hatte man eine pfiffige Idee: Für 5,50 Euro wurde nun eine „Eintritts- und Getränkeflatrate" geboten, die den Aufenthalt z. B. in den schönen Sitzecken mit (alkoholfreien) Getränken in beliebiger Menge (per Selbstbedienung) verschönert.

Ein weiterer Einfall ist der „Kulturkumpel", eine Anzeigenplattform für Werbetreibende und Kulturschaffende, die beide Seiten zueinander bringt mit dem Ziel, kleine und mittelständische Unternehmer im Ruhrgebiet dazu zu bewegen, etwa zehn Prozent ihres Werbebudgets zur Unterstützung kultureller Projekte auszugeben.

Dass gute Ideen sich irgendwann auch mal durchsetzen, zeigt die „Preisstatistik" der vergangenen Jahre: Innovationspreis des Netzes innovativer Bürgerinnen und Bürger, Botschafter des Ruhrgebiets von proRuhrgebiet, Top-10-Sehenswürdigkeit des Merian-Reiseführers, Kulturpreis der Kulturpolitischen Gesellschaft in Bonn und der Senfkornpreis der katholischen Kirche. Letzterer wurde verliehen – durchaus standesgemäß – im Rahmen der „Sommer-Akademie für Querdenker". Apropos Querdenker: Unangepasstes Gedankengut öffentlich zu machen, dafür sorgt seit Frühjahr 2010 die neu eingerichtete „Speaker's Corner 2.0". Per Beamer und Lautsprecher können sich Redelustige nach dem Vorbild im Londoner Hyde Park ungehindert austoben.

Friedrich-Ebert-Straße 18
45127 Essen
Tel. 0201/84735-0
Öffnungszeiten: tägl. 10–23 Uhr
www.unperfekthaus.de

AUTOWERKSTATT GRÖSBRINK, RECKLINGHAUSEN

Einer der letzten Kleinode der KFZ-Innung befindet sich in Sichtweite der markanten blau-grünen Wassertürme im ländlichen Recklinghäuser Norden. Der Betrieb ist seit 46 Jahren in Hand der Familie Grösbrink und als Ein-Mann-Unternehmen eine Rarität im Ruhrgebiet, wo ansonsten große Ketten wie Pit-Stop oder ATU das Land überschwemmen. Mittlerweile hat Sohn Andreas die Werkstatt von Vater Hans übernommen. Auf sehr begrenztem

Echt funky:
Andreas Grösbrink bei der Arbeit

Raum wird auf hohem Niveau gelötet und geschraubt, bis der Kolben qualmt. Wer Glück hat, findet für seinen hilfsbedürftigen Wagen noch einen Premiumplatz auf dem kleinen Hof vor der Werkhalle, ansonsten stellt man sein Auto einfach am Straßenrand ab und wartet, bis der Meister durch geschicktes Versetzen der Karosserien auf dem Hof einen Platz freimacht.

Wer den Chef in seinem „Arbeitszimmer" nicht direkt findet, schaut am besten unter dem gerade in der Halle stehenden Wagen nach. In der Regel trifft man ihn dort ein Meter unter Normal-Null in einem Schacht an, für eine Hebebühne fehlt es in dem früher als Stall genutzten Schuppen einfach an Höhe. Zu den treuen Kunden der Werkstatt gehören auch reparaturbedürftige Boote und alte fahrbare Rasenmäher, denn Grösbrink hat noch jeden stotternden Motor zum Schnurren gebracht.

Bisweilen werden sogar hoffnungslose Fälle und scheinbar fahruntüchtige Autos wieder zum Leben erweckt und können noch einige tausend Kilometer weiter bewegt werden. Ein Stammkunde kommt sogar einmal im Jahr extra aus Frankreich angereist, um seinen Wagen hier auf Vordermann bringen zu lassen.

Bockholter Straße 246
45659 Recklinghausen
Tel. 02361/25292

DREHORGELVERLEIH, DORTMUND

Sie sind nur noch selten im Straßenbild zu sehen, die Drehorgelspieler. Der Leidenschaft für dieses alte Instrument ist der Dortmunder Friedhelm Hombeck verfallen. Er ist einer von 1.000 Mitgliedern des Clubs Deutscher Drehorgelfreunde und besitzt mittlerweile 13 Drehorgeln. Und der Platz im eigenen Haus wird eng.

Um sein Hobby zu finanzieren und anderen Drehorgelfreunden auszuhelfen, verleiht der Rentner drei seiner Instrumente. Auch für Geburtstagsständchen wird die Drehorgel gerne ausgeliehen. Eine ausgefallene Geschenkidee ist es allemal – eben mal nicht die ewig gleiche Leier ... Dabei ist das Repertoire fast unerschöpflich. Im Gegensatz zu früher können Dank Mikrochiptechnik bis zu 800 Stücke gespeichert und wiedergegeben werden. Von alten Moritaten, über Karnevalsschlager bis hin zur modernen Klassikinterpretation von André Rieu.

Wer sich eine Drehorgel ausleiht, bekommt von Herrn Hombeck natürlich eine Kurzinstruktion. Die Einsatzzwecke bleiben dem Kunden überlassen. Vielleicht möchte er ja ganz romantisch seiner Liebsten ein Ständchen vortragen?

Ob man bei dem verschmitzten Friedhelm Hombeck auch einen Affen ausleihen kann? Nein, dazu muss man sich schon selber machen ...

In den Stämmen 23
44265 Dortmund
Tel. 0231/7265877
www.dortmunder-drehorgel-orchester.de

REINERS HÜTTE, ESSEN

Alles hat seine Bedeutung, alles ist im Fluss, verändert sich – lebt. Wer jetzt meint, hier spirituelle Leitsätze eines buddhistischen Seminars zu lesen, irrt. Denn auch Inspiration hat seine alltäglichen, praktischen Seiten. Zum Beispiel beim Möbelbauer Reiner, dessen Schreinerei „Reiners Hütte" in einer alten Fabrikhalle direkt neben der denkmalgeschützten Horster Mühle in Essen zu finden ist. Hier ist alles aus massivem Holz: Die eigenwillige Werkstatt, die selbst gezimmerte Wohnung gleich darüber, und natürlich das Arbeitsmaterial. Hier werden Fantasie und Intuition handfest verarbeitet. Bandsäge und Tischfräse sorgen zwar für den branchenüblichen Lärm, andererseits gibt es keine Kataloge. Die Hölzer wollen angesehen, befühlt, berochen und ausgesucht, die Wünsche formuliert werden.

Früher hat Reiner Holztreppen quasi wie am Fließband hergestellt. Heute zählt Persönlichkeit. Auch und vor allem die des Kunden. Jedes Möbelstück wird individuell gefertigt. „Die Dinge müssen zusammenpassen." Ob Betten, Tische, Schränke oder Stühle – wer bei Reiner bestellt, weiß, das er etwas Besonderes möchte. Mitunter auch dann, wenn noch gar nicht klar ist, wie das aussehen soll. Für Reiner ist der Möbelbau ein Prozess, er fühlt sich wohl, wenn die Leute sagen: „Lass Dir mal was einfallen." Kunden mit „normalen" Wünschen werden schon mal vom Gegenteil überzeugt oder mit sinnigen Zusatzideen beglückt. So wie der Nachbar, der einen Schuhschrank bestellte und diesen inklusive selbst erdachter Schnürschuhanziehhilfe in Empfang nahm. Vom Spaghettiportionierer bis zur hölzernen Badewanne, für Reiner trägt jeder Baumstamm nicht nur Form und Funktion in sich, sondern auch einen speziellen Sinn. Denn Holz hat Seele – das soll auch sein Hauptprojekt verdeutlichen; die Soo-hell-Figur. Als lebensgroße, bewegliche Skulptur steht sie für Kommunikation, für Veränderung und für das, wofür es sich zu leben lohnt: Die Harmonie von Natur, Kunst und Mensch.

Antonienallee 24
45279 Essen
Tel. 0201/572683
www.rainershuette.de
www.soo-hell.de

Reiner Winter, der Meister der hölzernen Seelenwanderung

Ein Hammer-Team:
Sabine und Ute aus Gelsenkirchen

KLÜNGELSKERLE

„Alles, was nach Schrott aussah, sammelten wir. Auch schon mal Verbotenes. Mein Jugendfreund Manni Kubiak stammte aus einem Klüngelskerl-Clan. Dort kriegten wir gutes Geld. Von dem Schatz kauften wir uns Veilchenpastillen. Zwei Stück für einen Pfennig." Kindheitserinnerungen von Werner Hansch, Jahrgang 1938. Damals wohnte die Reporterlegende auf der Leusbergstraße 28 in Recklinghausen-Süd. Nicht GPS-getreu, dennoch recht präzise lokalisierte die Bevölkerung seinerzeit: „Zwischen Recklinghausen-Süd und Herne ist das Land der Klüngelskerle."
Die Straße der Schrotthändler war die Pappelallee in Süd. Dort lagerte das Altmetall. Eine schmucke Wohnsiedlung hat das Domizil der einstigen „Wertstoffsammler" vergessen gemacht. Nicht nur in Recklinghausen waren die Klüngelskerle jahrelang aus dem Straßenbild verschwunden. Jetzt sind sie zum Glück wieder da. Und zu hören. Denn seitdem die Preise für Alteisen und Kupfer wieder gestiegen sind, lohnt sich auch wieder das Schrottsammeln.
So auch für zwei ungewöhnliche Klüngelskerle bzw. „Klüngelsweiber" aus Gelsenkirchen. Das lesbische Ehepaar Sabine und Ute Stimmer kennen alle in der Schrottszene und viele auch von ihren zahlreichen Fernsehauftritten. Die beiden pfundigen Frauen stehen seit 2001 ihren Mann. Notfalls auch mal bei einer Waschmaschinen-Verlade Wette auf dem Schrottplatz. Diese Wette haben sie locker gewonnen. Wer der Gegner war? Der Verladekran von Siggi.

Sabine und Ute Stimmer
Tel. 0179/8485452

SCHÖNE ORDNUNG, ESSEN

Wer hätte sie nicht gerne? Charlotte Schäfer und Karin Klausing von der Essener Agentur rücken seit 2007 aus, wenn es um den ganz normalen Wahnsinn geht. Auf den Plan gerufen werden die beiden, wenn die chaotische Junggesellenbude auf Vordermann gebracht werden muss. Aber auch die weibliche Kundschaft à la Jessica Parker sucht verzweifelt Hilfe, wenn es um die Auffindung der geliebten Manolo Blahniks geht.

Die beiden Geschäftsfrauen könnten interessante Geschichten erzählen. Aber Regel Nummer Eins ist Diskretion bei „Schöne Ordnung“. Wer sind diese beiden Powerfrauen? Frau Schäfer ist studierte Diplompädagogin und Architektur-Illustratorin – die Frau, wenn es um klare Formen und Ästhetik geht. Frau Klausing als ehemalige Pflegedienstleiterin und Servicekraft in der Gastronomie bringt das Gespür für Logistik und Organisation mit. Mit diesem Know How ist das Duo unschlagbar.

Natürlich muss auch mal das ein oder andere Möbelstück umgestellt oder hinzu gekauft werden. Auch maßgeschneiderte Aufbewahrungsmöbel werden selbst angefertigt. Wenn sich das Duo verabschiedet, bleibt ein dankbarer Kunde zurück. Dank „schöne Ordnung“ kann er sich genüsslich im neuen Ohrensessel zurücklehnen, die Beine auf den frei geräumten Tisch legen und mit der wiedergefundenen Fernbedienung durch das Fernsehprogramm zappen.

Charlotte Schäfer und Karin Klausing
HuttropStraße 65
45138 Essen
Tel. 0176/50359593
www.schoene-ordnung.de

Ordnung ist ihr ganzes Leben:
Charlotte Schäfer und Karin Klausing

TANKSTELLE CASPAR-MILZ, ESSEN

Ein Hinterhof in Holsterhausen. Blau auf Gelb prangt in der Einfahrt das Wort „Tankstelle" – der Zusatz „mit Service" leuchtet in Knallrot. „KFZ Handwäsche" heißt es darunter und „Dienstag Ruhetag. Alle Sorten Bier 6er Pack je 3,99 plus Pfand".

Hier legt der Chef selbst Hand an. An Deutschlands ältester Tankstelle. Dass sie das ist, sagt nicht nur Inhaber Manfred Milz, sondern auch der Tankstellen-Fachverband. Kokolores wie Zehntelcents beim Preis – Fehlanzeige! „So'n Quatsch machen wir nicht mit", sagt Milz. Man sei zwar etwas teurer – aber „dafür ist alles drin": Luft, Öl, Kühlwasser. Drei ältliche Zapfsäulen, ein kleines Büro, kein Schnickschnack im Laden. Ein paar süße Riegel, Türschloss-Enteiser. Die Würstchen in der Dose sind Standard. Die Schuhspanner kommen etwas seltsam. Keine Videos, keine Zeitschriften. In der Werkstatthalle stapeln sich die Getränkekisten – von Brause bis Pils. Für den „Kofferraumservice". Milz' Mitarbeiter liefert bis in die Küche. Hier kennt man die Kunden noch beim Namen.

1924 ist's, am 18. Mai, als Friedrich Caspar die Tankstelle eröffnet. Mit amtlicher Genehmigung und Omnibussen für „Ausflugsfahrten im Gelegenheitsverkehr". Sohn Fritz übernimmt die Tanke, stellt 1967 den Tankwart Manfred Milz ein – und adoptiert ihn 1970. 60 Jahre ist Milz heute alt. „Hier komm'se aus ganz Essen vorbei. Der Plausch mit dem Chef gehört dazu." Vollservice am Kunden und am Fahrzeug gibt's halt nur an der „Tankstelle mit Herz".

Gemarkenstraße 18
45147 Essen
Tel. 0201/774444
Öffnungszeiten:
Mo–Fr 7.30–18.30 Uhr
außer Di und So
Sa 7.30–14 Uhr
www.alte-tankstelle.de

O'zapft is'

Drei Originale: Annemarie Meinken, ihr Kirmestropfen und die alte Drogerie auf Crange

ALTE DROGERIE MEINKEN, HERNE

Während des Krieges hatte der Wanne-Eickeler Drogist Ludwig Meinken als Sani in einem Lazarett heimlich für Verwundete und Kollegen einen Kräuterschnaps gebraut, der später auch in Friedenszeiten gut ankam. Da Meinkens Drogerie unmittelbar am Cranger Kirmesplatz lag, nannte er, zurückgekehrt aus dem Krieg, seinen Kräutertrunk „Kirmestropfen". Als solcher kam er in Meinkens Drogerie ganz offfziell zum Verkauf – damals durften Drogisten so etwas.

Auch heute gibt es in der Alten Drogerie Meinken den Kirmestropfen noch, nebst einigen anderen einheimischen Schnäpsen und Likörchen. Der Rest ist Erinnerung: Mobiliar und Dekoartikel, Plakate und Verpackungen stammen noch aus den 50er und 60er Jahren. Auch Annemarie Meinken, die nach dem Tod ihres Mannes 1982 die Drogerie alleine weiter führte, ist noch „original", obwohl eigentlich seit Mitte der 1990er pensioniert. Aber Kunden und Enkel waren hartnäckig – und so kommt sie auch heute noch täglich in ihre Drogerie. Aber nur noch stundenweise. Wer ein Wanne-Eickel-Souvenir sucht oder an einem Spirituosen-Seminar teilnehmen möchte, ist hier goldrichtig.

Hauptstraße 408
44653 Wanne-Eickel (Herne)
Geschenke-Notdienst: 0177/2571662
Öffnungszeiten:
Di–Fr 15–18.30 Uhr
Sa 10.30–13 Uhr
www.altedrogeriemeinken.de

BÄCKEREI KRAUSE, GELSENKIRCHEN

Im Fernsehen läuft gerade das Nachtjournal, wenn Ägidius „Guido" Krause sich die erste Fluppe des Tages ansteckt und noch im Schlafanzug die Stufen nach unten in seine Backstube geht. Seit weit über 100 Jahren und in der bereits dritten Generation geht das schon so. Sechs Tage die Woche wird in der wohl ältesten Bäckerei Gelsenkirchens geknetet und gebacken. Ägidius jun. ist selbst seit 1958 dabei. Doch das merkt man dem drahtigen Mittsechziger keineswegs an. Mit jungenhaftem Enthusiasmus erzählt er von sich, seiner Familie, der Backstube und dem denkmalträchtigen Backofen aus dem Jahre 1938. Der Duft des Gebäcks und der Brote, die Wärme des Ofens in der Backstube und die unmenschlich frühe Tageszeit laden zum Schlummern ein, doch laut eigener Aussage nickt Guido Krause schon lange nicht mehr beim Backen ein. Dafür sei es hier nicht bequem genug und er inzwischen zu alt. Obwohl sein Tag bereits kurz nach Mitternacht beginnt, steht der Chef zusätzlich noch ab 15.00 Uhr in der Backstube und verkauft bis Ladenschluss. Außer mittwochs. Da ist Saunatag.

Ein paar Jährchen wollen er und seine Frau den Laden noch schmeißen, doch dann sei Schluss, endgültig. Schade, denn vermutlich endet damit auch die Geschichte der vermeintlich größten Puddingteilchen der Stadt, der leckersten Mohnstriezel Deutschlands und des besten Kastenbrotes der Welt. Ganz abgesehen von den berüchtigten, mutantengroßen Apfeltaschen.

Wiehagen 68
45879 Gelsenkirchen
Tel. 0209/202379

Applaus für Gelsenkirchens größte Gebäckteilchen

Georg Sonntag in den Fängen der Spinne

COMICLAND, DORTMUND

Angefangen hat alles mit einem lustigen Taschenbuch. „Donald sucht Streit" hieß die 14. Ausgabe der bis heute beliebten LTB-Serie, erschien 1970 und war der erste eigene Comic von Georg Sonntag, Inhaber des Comiclands. „Die eigentliche Sammelleidenschaft", so verrät Sonntag „fing allerdings erst mit den franko-belgischen Comics an, also Tim und Struppi oder Spirou und Fantasio. Da war ich 14 Jahre alt." Das Comicland in Dortmund existiert seit 1987. 1993 machte Comicfreak Sonntag sein Hobby endgültig zur Berufung und übernahm den Laden als alleiniger Chef. Wenn man in sein Comicland einreist, weiß man erst gar nicht so recht, wohin man schauen soll. Die beeindruckende bunte Auswahl von über 80.000 Artikeln erschlägt den Kunden nahezu. Nach kurzer Orientierung kann aber die Entdeckungsreise durch den Comic-Kosmos losgehen. Im Ladenlokal lassen sich Actionfiguren, Animes, Gamecards, sämtliche Deutsche und amerikanische Comics (Marvel, DC, Image, Dark Horse etc.) und die dazugehörigen Merchandise-Produkte bestaunen. Die Artikel aus dem Antiquariat (meistens 2nd Hand-Hefte) lassen Erinnerungen wach werden. Die ältesten Comics stammen hier sogar noch aus den 50er Jahren. Wer lieber direkt sein Lieblingscomic finden will, fragt am Besten sofort Georg Sonntag oder seine Mitarbeiter. Die Jungs wissen immer den richtigen Weg an Batman, Marsupilami oder Lady Death vorbei zum gewünschten Ziel. Das Comicland – ein wahrhaftig phantastischer Laden.

Bövinghauser Straße 17a
44388 Dortmund, Tel. 0231/693673
Öffnungszeiten:
Mo–Fr 15–20 Uhr, Sa 10.30–16 Uhr
www.comicland.de

KLAUS HENSCHEID, ESSEN-STEELE

Die einzige Fischskihasenantikbuchpapageienkruzifixsämereienhandlung der Welt befindet sich wohl in Essen Steele in der Kaiser-Wilhelmstraße 18. Dort hat Klaus Henscheid sein Reich und hier wird jeder Besuch zu einem Erlebnis der besonderen Art. Im Eingangsbereich des wuseligen Ladens befindet sich eine Zoohandlung, wo der Besucher von lautstarkem Vogelgezwitscher und Käfigrattern empfangen wird. Hier kann man nicht nur das neue Lieblingshaustier erwerben, sondern die freundlichen Mitarbeiter von Klaus Henscheid bieten außerdem die Möglichkeit, die kleinen Lieblinge für die Urlaubszeit unterzubringen. Im dahinter liegenden Bereich des Shoppingparadieses stapeln sich Aquarien jeglicher Größe kreuz und quer durch den Raum. In jeder noch so kleinen freien Ecke stehen Trödeleien und Antiquitäten jeglicher Art.

Bahnt man sich seinen Weg weiter durch die Räumlichkeiten, stößt man auf den Skiverleih von Klaus Henscheid. Hier reihen sich hunderte Ski und Snowboards an den Wänden. Hier gibt es alles, was der Wintersportler für den Schneeurlaub braucht und so ist es nicht überraschend, dass Henscheid zu den beliebtesten Skiverleihern in und um Essen gehört.. Empfangen wird man meist vom rauen, aber immer herzlichen Ton des Inhabers. Und man kann sich sicher sein, dass man den Laden gut beraten und ausgestattet – vor allem aber mit einem Lächeln auf den Lippen verlässt.

Kaiser-Wilhelmstraße 18
45276 Essen
Tel. 0201/514374
Öffnungszeiten:
Mo–Fr 9–18.30 Uhr, Sa 9–14 Uhr
www.klaus-henscheid.de

MUSIKINSTRUMENTENTRUHE, HATTINGEN

Stefan Raab hätte seine Freude in der Fachwerkstadt Hattingen. Hier warten in der Musikinstrumententruhe neben Raabs Lieblingsinstrument, der Ukulele, unzählige Instrumente auf Musikliebhaber. Und die kommen von Weit her. Schon beim Öffnen der Ladentür fühlt man sich in ein musikalisches Schlaraffenland versetzt, stapeln sich doch hier von Gitarre, Kontrabass, über Trompete und Plesshorn bis hin zur Tuba hunderte Instrumente bis unter die Fachwerkdecke aus dem 17. Jahrhundert. Alles fein säuberlich sortiert und blank poliert.

Am Stammtisch plaudern bei einer Tasse Kaffee schon mal die Bochumer Symphoniker oder andere Profis, während weniger Talentierte sich an der Gitarre oder dem Didgeridoo versuchen. Und mittendrin der sympathische Udo Berger. Er sucht geduldig passende Ersatzteile oder Noten heraus, bringt dem Einen oder Anderen auch schon mal die Flötentöne bei und freut sich, wenn die Kunden zufrieden sein Geschäft verlassen. Ob mit oder ohne Instrument.

Mit etwas Glück kann man den ehemaligen Leiter des Instrumenten-Außenhandels der DDR im Frühherbst auf einer Leiter vor seinem Haus in der Emschestraße antreffen. Dann pflückt der Weinliebhaber seine Burgunderreben um sie zu keltern. Je nach Saison können das dann schon mal 40 Flaschen „Emsche Südseite" werden.

Eine gute Nachricht für alle Berger-Fans: Bereits jetzt steht der Filius Jens mit im Laden, die Ära Berger ist also nicht gefährdet.

Emschestraße 44, 45524 Hattingen
Tel. 02324/27814
Öffnungszeiten: Mo-Sa 10-13 Uhr und Mo-Fr 14.30-18.30 Uhr
Mittwochnachmittags geschlossen
www.musikinstrumententruhe.de

STEELDRUM MANUFAKTUR, DORTMUND

Die Steeldrum (oder auch Steel Pan) ist ein Schlaginstrument aus der Karibik in Form eines Metall-Resonanzkörpers (sehr präsent z. B. im 80er Sommerhit „Sunshine Reggae" von Laid Back).

Wer meint, dass Steeldrums und Dortmund nicht zusammenpassen, irrt gewaltig. Eckhard C. Schulz wurde mit dem Stahlvirus in Dortmund infiziert, zunächst bei Thyssen-Krupp und Hoesch. Auf einer Party Ende der Siebziger Jahre sah und hörte er dann die erste Steeldrum – und es war „Liebe auf den ersten Blick!". Von da an tüftelte Schulz unermüdlich an eigenen Nachbauten. Waren es früher noch ausgediente Ölfässer, die mit

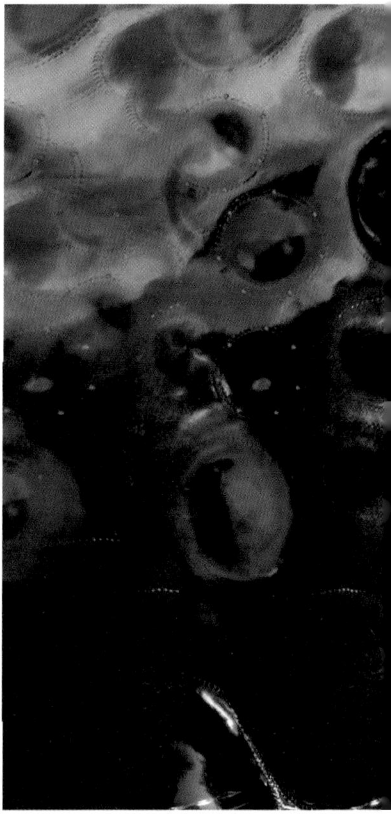

dem Fäustel mühsam bearbeit wurden, lässt sich Schulz heute bereits fertig zugeschnittene Rohlinge anliefern. Die Herstellung einer „Big Mama“ oder „Queen“ erfordert viel Zeit. Bevor sie den Laden verlässt, stehen langwierige Prozesse wie das Sinking, Grooving, Burning und Tuning an. Danach kann sie für den professionellen, musikpädagogischen oder therapeutischen Bereich eingesetzt werden. Auch der 1999 gegründete Verein Pan-Kultur e. V. hat in der Güntherstraße seinen Sitz und bietet Kurse und Workshops an.

Mit der Entwicklung von über 20 Typen und dem Verkauf von über 16.000 Pans müsste Schulz eigentlich im Guiness-Buch der Rekorde stehen. Ebenfalls rekordverdächtig ist seine Auftragsarbeit für eine Klinik im norwegischen Trondheim; hierfür baute er 2005 Zwillings-Steeldrums mit je über einem Meter Durchmesser.

Dass E.C.S. heute eine weltweite Qualitätsmarke ist, ist Schulz' unermüdlicher Suche nach der optimalen Übereinstimmung von Optik und Klang zuzuschreiben. Dass er weitertüftelt ist sicher, oder wie Schulz sagt: „Ich bleibe am Blech“.

E.C.S-Steeldrums
Güntherstraße 69
44143 Dortmund
Tel. 0231/175949
www.ecs-steeldrums.de

Eckhard C. Schulz macht Blech zu Kohle

STUECKGUT, BOCHUM

Gegenstände inspirieren unsere Sinne. Irgendwie hat Immanuel Kant so etwas mal geschrieben, und für den leidenschaftlichen Sammler Walter Benjamin verweisen Dinge mitunter in eine imaginierte Ferne oder in die Vergangenheit. Stueckgut ist voll mit diesen Einzelstücken, sie regen zum Anfassen, Phantasieren und Staunen an. Geschenke, Möbel, handgemachte Accessoires und ausgewählte Mode. Manchmal einfach nur schöne Sachen befreit vom Dogma der fortwährenden Nützlichkeit. Oft mit einem ruhrgebietsaffinen Charme, wie die aus alter Bergarbeiterkleidung hergestellten Taschen von „zechenkind", das Seifenbrikett „Püttstück" oder die trendigen T-Shirts von „Grubenmann". Ladenbesitzerin Silke Krüger ließ ihr Architekturstudium sein und stöbert seit drei Jahren nach den schönen und authentischen Produkten von kleinen Designern und Labels. „Das Suchen und Finden ist für mich der weit größere Reiz als das Verkaufen", sagt sie und macht keinen Hehl aus ihrem Faible für gut gemachte „Stücke". Mitunter kommen auch Kleinstproduzentinnen zu ihr und bieten handgefertigte Schlüsselanhänger und Gürtel oder selbst gestrickte Stulpen an. Alles Unikate – und was Silke Krüger gefällt, findet auch Platz in ihrem warmherzigen Ladengeschäft im Ehrenfelder Viertel in der Nähe des Schauspielhauses. Weiter entfernt von „Ein-Euro-Shops" kann eine Waren- und Ladenphilosophie kaum sein.

Königsallee 12
44789 Bochum
Tel. 0234/5305580
Öffnungszeiten:
Mo–Fr 11–19 Uhr, Sa 11–16 Uhr
www.stueckgut-bochum.de

Silke Krüger sucht und findet schöne Stücke

Schnitzelkönig Christ in seinem Saustall

ALTES WIRTSHAUS CHRIST, HERTEN

Zwischen den elterlichen Wohnungen von Rudi Assauer und Hans-Joachim („Hansel“) Christ liegen 78 Meter. Was verbindet die beiden gestandenen Mannsbilder aus Herten außer der nachbarschaftlichen Nähe und persönlichen Bekanntschaft? Nun, Assauer setzte sich mit der Veltins Arena in Schalke ein Denkmal, während Christ in seinem „Alten Wirtshaus“ auf einem Weltrekord-Sockel thront: Nirgendwo anders auf der Welt brutzeln mehr unterschiedliche Schnitzel in den Pfannen. Es sind genau 158 Variationen des Fleischklassikers. Geadelt wurde der 58jährige Schnitzelkönig durch einen Eintrag ins Guinness-Buch der Rekorde. Der Rekord-Gastronom schwingt allerdings nicht den Kochlöffel. Christ kann gar nicht kochen. Er ist der kreative Kopf, der die Rezepte austüftelt. Meist nachts bei einem roten Montepulciano d`Abruzzo. Hat der gelernte Kaufmann keine Angst, irgendwann mal durch einen Konkurrenten vom Fleisch-Thron gestürzt zu werden? Erst ein breites Grinsen. Doch dann droht er möglichen Gourmet-Attentätern: „Wenn`s sein muss, hab ich noch weitere 80 Rezepte im Köcher.“

Sein Tipp für ein mehrgängiges Tour-Menü: „Ein Schnitzel `Haus Christ` mit Tomaten, Broccoli, Schinken, das alles mit Käse überbacken. Dann der zweite Gang. Unweit von hier im Landschaftspark Hoheward über die Himmelstreppe aufs Dach des Ruhrgebietes klettern. Ein wahrer Kalorienkiller für den Genuss ohne Reue.“

Herner Straße 68, 45699 Herten
Tel. 02366/35867
Öffnungszeiten: Di–Sa ab 17 Uhr
So- und feiertags 11.30–14.30 Uhr
Mo Ruhetag
www.schnitzelhaus-herten.de

Kreative Küche – im Restaurant oder im Einweckglas zum Mitnehmen

COLONIAL, BOCHUM

Im Colonial geht es ans Eingemachte. Eher symbolisch, denn die Speisen werden nicht eingekocht, sondern frisch für „außer Haus" in praktischen Einweckgläsern (mit Pfand!) abgefüllt: Diverse Vinaigretten, Dips und Soßen, die Rote Zwiebel-Marmelade, das Cranberry Chutney oder – ruhrgebietsaffin – die eingeweckte Mini-Bratwurst im Currysaft. Handwerklich perfekt und hausgemacht. „Wir bieten eine einfache und ehrliche Küche mit kreativen Kombinationen, ohne die Gerichte zu überladen", erklären Sabina und Thomas Canavan ihre „cross-over Philosophie" für gaumenmündige Gäste. Dabei greifen sie gerne auf lokale Gemüsesorten wie Mangold, Wirsing und Steckrüben zurück, die entgegen ihrem Ruf gar nicht altbacken daher kommen. Gerichte wie Zander auf Sauerkraut, Wildschwein mit einer Kaffee-Rosinen-Soße oder deftiger das Spanferkelkotelett mit Birnen-Gorgonzolasoße und Linsen-Gemüse kann man im angenehm reduzierten Ambiente des Restaurants genießen. Dabei wird die ungezwungene Kommunikation mit den Gästen gepflegt. Und wer als „Häuptling eigener Herd" mit der entscheidenden Nuance und Chefkoch-Esprit glänzen will, findet bei den „Waren" zum Mitnehmen delikate Unterstützung. Übrigens: Allein das Dessert „Drei Schokoladen im Glas" ist Cuisinehauptstadt!

Hattinger Straße 103, 44789 Bochum
Tel. 0234/3245618
Öffnungszeiten:
Mo–Fr 11.30–14.30 Uhr (Mittagstisch)
ab 18 Uhr à la carte,
So ab 11.30 Uhr
www.colonial-gastro.de

FRÄULEIN COFFEA, BOCHUM

Es klingt wie ein Märchen. Jenseits der nüchternen Großraumcafés am Latte-Machciatto-Strich gibt es das kleine, paradiesische Café „Fräulein Coffea". Auf nur wenigen pastellenen Quadratmetern schaffen Nina und Kathrin Oberheitmann eine bezaubernde Atmosphäre. Die Einrichtung ist charmant eklektisch, chargierend zwischen Pop und Ikea – sieht aber nicht wie Ikea aus. Bei nur zwanzig Sitzplätzen entsteht unter dem aromatischen Duft des frischen Kaffees schnell ein raumfüllendes und kommunikatives Kuschelgefühl. Alles was über die Theke gereicht wird, ist dabei erstklassig: Der Biokaffee wird handverlesen und in der Behindertenwerkstatt „Gottessegen" im Wattenscheider St. Christopherushaus in kleinen Mengen geröstet. Die wechselnden Torten sind lecker und nicht Bio. Genau wie der Espresso. Ein Revival erlebt auch die vom Aussterben bedrohte gute alte Kniffte in Form ganzheitlich belegter „vegetarischer", „süßer" oder „Wurst" -Stullen. Das Kastanien-Püree auf Sahne ist eine Hommage an die ungarischen Wurzeln der Schwestern, die großformatigen Schwarz-Weiß-Fotos in der Fensterfront stammen vom Papa Theodor. „Fräulein Coffea" ist Bohèwme, ohne eitel zu sein, und das boomende Ehrenfelder Kreativviertel rund um das Schauspielhaus um ein besonderes Kleinod reicher. Einblicke bekommt man unter „Fräulein Coffea Zeitraffer" bei youtube.

Oskar-Hoffmann-Straße 38, 44789 Bochum
Tel. 0171/3693994, Öffnungszeiten:
Di-Fr 8.30-18 Uhr, Sa-So 11-18 Uhr

KÖCHEVEREINIGUNG FC RUHRGEBIET

Ihre Trikots sind weiß, sie fahren zu Auswärtsspielen und fabrizieren schön anzuschauendes Teamplay: Der FC Ruhrgebiet spielt in seiner eigenen Liga, kickt aber nicht den Ball, sondern die Küche des Reviers. Sein Ziel: „Den Leuten da draußen zu zeigen, dass wir auch was auf der Pfanne haben", erklärt Gründungsinitiator und Geschäftsführer Marc Nabereit. Imagepflege für Möpkenbrot und Grünkohl? Nicht ganz. Die Köchevereinigung, bestehend aus verdienten Topfstars der Region, steht für eine „neue Ruhrgebietsküche" unter dem Slogan „Innovation und Tradition". Denn: Immerhin 170 unterschiedliche Nationen leben und prägen das Ruhrgebiet. Und das auch kulinarisch jenseits von Döner- oder Gyrosbuden. Das Köche-Team führt diesen großen Fundus in seinen Töpfen zusammen und präsentiert sich mit den Ergebnissen als kulinarischer Botschafter bei Events im In- und Ausland. Gute Beispiele für den FC-Crossover sind etwa Knusperbonbon von Panhas mit Chiliapfel, Zanderschnitzel unter der Pumpernickelkruste mit Rahmkohlrabi oder Ente Sous Vide Döner Style auf Kichererbsen im Parmesan. Leider fehlt es dem Verein derzeit noch an einer festen Gastronomie, doch ein Vereinsheim ist in Planung. Wer den FC in Aktion erleben will, bucht ihn als Cateringservice oder findet auf dem Spielplan der Homepage die anstehenden „Partien". Tipp: Die Küchenparties, bei denen in lockerer Runde zu Musik geplaudert, gegessen und getrunken wird. Topfgucken und Köcheansprechen ausdrücklich erwünscht.

Westring 303, 44629 Herne
Tel. 02323/9189919, www.fcruhrgebiet.de

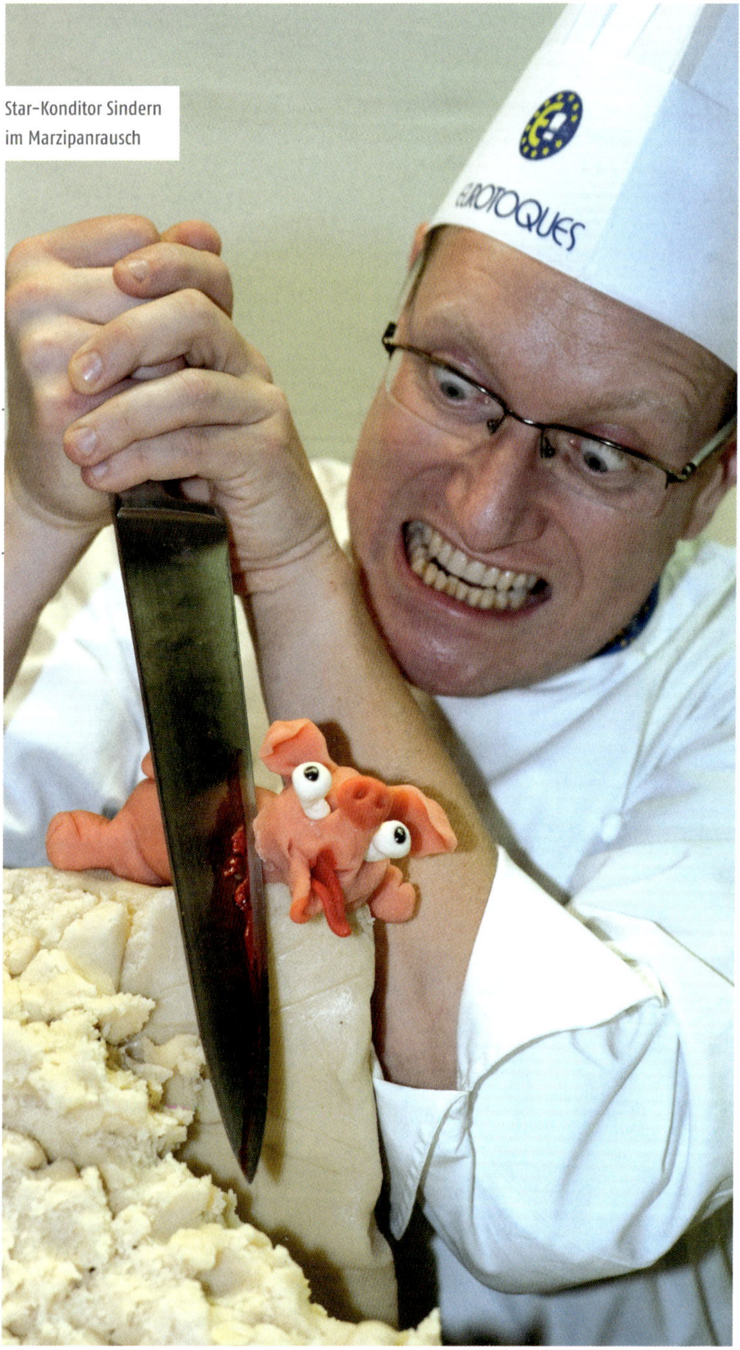

Star-Konditor Sindern
im Marzipanrausch

KONDITOREI SINDERN, RECKLINGHAUSEN

Seit drei Generationen arbeitet die Familie Sindern in Recklinghausen als Konditoren. Großvater Franz begründete 1929 die Liebe zur Konditorei, Vater Karl war ein Meister im Marzipan-Modellieren und schrieb zwei international angesehene Fachbücher. Und Andreas Sindern führt diese Tradition bis heute fort. In seinem „Schokoladenschlaraffenland" stellt er alles her, was in eine gute Konfiserie gehört: Pralinen, Schokolade, Tee-Gebäck, Konfitüren, Torten, Baumkuchen, Marzipan-Produkte. Die Marzipanverarbeitung hat es ihm dabei besonders angetan. In Fachkreisen zählt der Zuckerbäcker zu den „besten und schnellsten Modulleuren" der Welt. Seine oberste Maxime ist die Verwendung bester und natürlicher Rohstoffe. So ist der selbst ernannte „Schokoholiker" besonders stolz, in der Lübecker Firma Minden & Bruhns einen Lieferanten für Marzipanrohmasse gefunden zu haben, die noch traditionell produziert. Ein langer Herstellungsprozess und die Verwendung der italienischen Barimandel garantieren beste Marzipanqualität. Davon werden im Hause Sindern dann jährlich 11 Tonnen (55 Millionen Kalorien) zu individuellen Figuren und aufwendigen Torten verarbeitet.

Sinderns filigrane Handwerkskunst hat sich inzwischen international herumgesprochen. So durfte er für einen Milliardär aus Brüssel dessen Villa in Marzipan nachbauen, die dann das 250.000 Euro teure Süßigkeitenbuffet einer Feier schmückte. Und auch das jordanische Königshaus gehört zu seinen Kunden!

Die Berufung zum Nationaltrainer der Konditoren 2002 durch die europäische Spitzenkochvereinigung „Euroteques" ist das vorläufige Sahnehäubchen auf der Karriere des Konditormeisters.

Tipp: „Erlebniskaffeetrinken" für Gruppen von mindestens 10 Personen, inklusive Marzipan-Modellier-Show.

Am Stadion 10
45659 Recklinghausen
Tel. 02361/23666
Öffnungszeiten:
Mo–Fr 8.30–18 Uhr,
Sa 8.30–14 Uhr
www.sindern.com

Vor ihm fürchtet sich jeder Gaul: Rossschlachter Hobbold

ROSSSCHLACHTEREI HOBBOLD, RECKLINGHAUSEN

Zu den weniger als einhundert in Deutschland noch existierenden Rossschlachtereien gehört die Firma Hobbold in Recklinghausen, die bereits seit 1898 besteht. Der Beiname „Perds-Karl" hat seinen Ursprung in einem überaus kräftigen Gesellen, der im Betrieb von Gründer Bernhard Hobbold arbeitete. Im Jahr 1950 übernahm der älteste Sohn Heinrich den Laden, der ihn wiederum 1972 an Heinrich junior weitergab. Aktuell das Sagen hat aber inzwischen die vierte Generation mit Sohn Bert und dessen Frau Heike. Bert Hobbold ist dabei für die Zerlegung und die Produktion zuständig. Seine bessere Hälfte schmeißt den Verkauf sowie die Gaststätte inklusive Küche. Zu wenig Arbeit haben beide nicht. Häufig stehen die Kunden bis zur Straße Schlange, um an der Fleisch- und Wursttheke bedient zu werden. Dort werden besonders hausgemachter Sauerbraten, Rouladen, diverse Wurstwaren und Pferdeklopse nachgefragt. Die Klopse gehören auch zum Verkaufsschlager der angrenzenden Gaststätte und werden nicht selten als „3-fach Klops" bestellt. Daneben kann die überwiegend ältere Kundschaft aus der Speisekarte diverse Steaks, den Fohlenbraten, Fohlengeschnetzeltes, die gebratene Leber und die Pferdesuppe nach Art des Hauses wählen. Zahlreiche Hobboldprodukte gibt es inzwischen auch in der Dose. Natürlich auch den Klops, der in vielen Imbissbetrieben der Gegend reißenden Absatz findet. Das Ross wird von der Familie Hobbold aber durchaus als Kreatur hoch geachtet. Die Tochter des Hauses ist passionierte Reiterin und stolze Besitzerin eines eigenen Dressurpferdes.

Brandstraße 11, 45657 Recklinghausen
Tel. 02361/24204
Öffnungszeiten Verkauf und Gaststätte:
Mo–Fr 10–19 Uhr, Sa 10–16 Uhr
www.haushobbold.de

SEKTKELLEREI MOLITOR, RECKLINGHAUSEN

1925 wurde die Weinhandlung Molitor gegründet. Seit 1994 produziert Ingeborg Molitor, Inhaberin in dritter Generation, dort im alten Weinkeller ihren Sekt. Als „Hobby" hat es angefangen. Klein aber fein ist es geblieben. Mit bis zu 1.500 Flaschen im Jahr bleibt die Produktion sehr übersichtlich und wird in reiner Handarbeit hergestellt. Ein Riesling von der Mosel war der erste Grundwein, der zu einem spritzigen Schaumwein „made in Recklinghausen" verarbeitet wurde. Als jüngstes Produkt kommt ein „Blanc de Noirs", also ein weißer Sekt aus einer roten Traube, aus der winzigen, und dabei einzigen Sektkellerei im Ruhrgebiet. Hergestellt werden die Sekte alle nach der Champagnerart. Zwölf bis 24 Monate reifen sie dabei in Stößen auf der Flasche und kommen die letzten zwei Wochen ins klassische Rüttelpult, im dem die Hefe von Hand abgerüttelt wird.

Dass der Schaumwein aus dem Revier mehr ist als ein gelungener Werbegag, hat sich in Fachkreisen mittlerweile herumgesprochen. So lobte unter anderem die bekannte Sommelière Susanne Spies am Molitorsekt die Ausgewogenheit von Frucht und Säure und das dezente Pfirsicharoma. Kredenzt wurde ihr die Flasche von WDR-Moderator Bernd Müller, der in seiner Reihe „Wunderschönes NRW" über die Sektproduktion in Recklinghausen berichtete. Übrigens nur einer von mittlerweile mehreren Fernsehbeiträgen, die das prickelnde Getränk aus dem Revier zum Thema hatten.

Hertener Straße 59
45657 Recklinghausen
Tel. 02361/23487
Öffnungszeiten:
Mo-Fr 9.30-19 Uhr, Sa 9-15 Uhr
www.wein-molitor.de

Ingeborg Molitor bei ihrer Jonglagenummer im Weinkeller

TANTE EMMA LADEN ELLY ALTEGOER, BOCHUM

Am 2. Januar 1969 wagte Elly Altegoer ihre ganz persönliche Mondlandung. An diesem Tag startete sie mit der Übernahme des „Tante-Emma-Ladens“ an der Königsallee den Schritt in die Selbstständigkeit. Ursprünglich war sie nur als Schwangerschaftsvertretung für ihre Schwägerin eingesprungen, doch aus der Aushilfstätigkeit entwickelte sich eine Liebesbeziehung, die bis heute hält. Elly hat sich über all die Jahre erfolgreich gegen den Verdrängungswettbewerb der aus dem Boden sprießenden Supermarktketten gewehrt und ist bis heute eine Bochumer Institution. Bei den Schülern der benachbarten Engelbert-Schule und vor allem natürlich bei den zahlreichen Darstellern und Intendanten des nahegelegenen Schauspielhauses, die über all die Jahre bei Elly ein und aus gingen. Ob Harald Schmidt, Herbert Grönemeyer oder Armin Rohde, dem sie sogar seine Wohnung in Bochum vermittelt hat, sie alle genießen ihre herzliche Art und natürlich das umfangreiche Sortiment in Altegoers Feinkostladen. „Hier fällt keiner in Ohnmacht, wenn der Grönemeyer mal reinkommt“ beschreibt Elly den unkomplizierten Umgang mit der Prominenz. Für Klatsch und Tratsch ist die Grand Dame des Kleinhandels allerdings stets zu haben. Besonders angetan ist Elly vom ehemaligen Intendanten Matthias Hartmann, der auch heute noch vorbeischaut, wenn er in der Nähe ist. Elly ist mit einem Großteil ihrer Kunden – vor allem der älteren Semester – so vertraut, dass es schon mal vorkommt, „dass die Alten den Laden schmeißen“, wenn die Chefin krank ist.

Zwischen Erbsen, Twix und Sauerkraut – Elli ganz in ihrem Sortiment

Königsallee 72
44789 Bochum
Tel. 0234/37546
Öffnungszeiten:
Mo–Fr 6–18 Uhr,
Sa 6–13 Uhr

TASCHKENT, HERNE

Es war ein Wiedersehen nach Jahren: Hallo Borscht! Hallo Piroggen! Und die Chefin heißt auch noch Olga. Wie meine Oma. Als sie weit über Neunzig dem Irdischen entfleuchte, verschwand das russische Essen aus meinem Leben. Im „Taschkent" fand ich es wieder: Diesen erinnerungsschweren milchigen Geruch, die Fettaugen auf der Suppe und dieses totalitäre Völlegefühl in der Magengegend. Das Lokal funktioniert als Familienrestaurant mit schlichtem Interieur aber voll von „russischer Seele". Olga und Alexander Hock, die 1993 aus der Nähe der usbekischen Hauptstadt Taschkent nach Herne kamen, gründeten es im Mai 2007. Olgas älterer Bruder Anatol singt freitags oder samstags russische Lieder, wenn sich viele Deutsch-Russen bei Karaoke und Bauchtanz treffen. Russen gehen in ein Restaurant nicht um zu essen, sondern um zu feiern, schreibt Wladimir Kaminer. „Unsere Seele braucht das", bekennt Olga Hock lachend. Essen und Trinken hilft gegen Heimweh. Solyanka, Lagman, Blini, Tschebureki und Pelmeni. Milchig ukrainisch oder exotisch-scharf usbekisch. Selbst die kleinste Teigtasche ist hausgemacht, dazu Balteika, ein herbes russisches Bier. Gäste sind herzlich willkommen. Das lässt man sie auch spüren, und nach einem Abend voll Karaoke, Bier und Blini meint man fast, am mächtigen Dnjepr zu sein und nicht am Rhein-Herne-Kanal.

Bahnhofstraße 154
44649 Herne
Tel. 02323/9605225
Öffnungszeiten:
Di–Sa ab 17 Uhr,
So und feiertags 15–22 Uhr

Echt russisch: Borscht, Botschkarov und CCCP

„BANG BOOM BANG", BOCHUM

Nein, dies ist nicht die Beschreibung der vergangenen Nacht aus Sicht eines „Ruhries", sondern vielmehr unsere Antwort auf „Titanic", „Der mit dem Wolf tanzt" oder „Vom Winde verweht". Es ist GROSSES KINO mit Charakterdarstellern wie Kalle Grabowski, Action Andy, Ratte, Keek oder Schlucke angesagt. „Voll Prolls, aber ehrlich und liebenswert", nennt das Kult-Regisseur Peter Thorwart, selbst ein Kind des Ruhrgebiets. Ein Film, der von Fehlern, Peinlichkeiten, blöden Umständen und dummen Tatsachen in schnellen Schnitten und mit teils derbem, nein „echtem" Vokabular erzählt. Zwar spielt der Film vornehmlich in Dortmund und Unna, letztere auch die Geburtsstadt des Regisseurs, doch war es die Ruhrgebietsmetropole Bochum und das im Ruhr Park ansässige UCI Kino, das dem Film ein wahres Denkmal setzt. Seit nunmehr zehn Jahren heißt es hier ab 23.00 Uhr: Freitag ist Feiertag! Für einen „Bang Boom Bang"-Filmabend braucht es allerdings kein süßes, salziges oder sonstwie Popcorn. Unsere Empfehlung: Standesgemäße zwei bis zwölf Pullen Bier in die Trainingsjackeninnentasche, Hosengummizug festziehen, letzte Reihe im Kino buchen, Turnschuhe ausziehen, Beine auf die Vorderlehne, Uschi, der Sitznachbarin, mit Hilfe des alten „Gähntricks" den Arm auf die Schulter legen (Kommt hier eigentlich immer gut an) und den Film genießen.

Für die Einen ist es die Heiligsprechung des Proletentums, für die anderen die vermutlich charmanteste Gaunerkomödie der Welt. Für Insider sind es „104 Minuten Hardcore – echte Gefühle".

UCI Kinowelt Ruhr Park
Am Einkaufszentrum 22, 44791 Bochum
Jeden Freitag 23 Uhr
Kartenreservierung: Tel. 0234/2390222

Hertens Innenstadt – einmal im Jahr ein Blumenmeer!

BLUMEN- UND GARTENMARKT, HERTEN

Wer aus der Stadtverwaltung die Vision von einem Markt à la Marché aux Fleurs in der Fußgängerzone Hertens hatte, darf sich heute freuen. Denn mit der Premierenveranstaltung im Jahre 1999 begann eine ungeahnte Erfolgsgeschichte. Wer konnte auch ahnen, dass heute über 100 Anbieter mit Artikeln rund um das Thema Blumen und Garten die Innenstadt erblühen lassen?

Zugegeben, die Ruhrgebietsstadt mit ihren rund 65.000 Einwohnern hat nicht gerade den Charme von Paris. Aber wenn sich im Mai für ein Wochenende die Händler breit machen, fühlt man sich schon wie Gott in Frankreich. Blumen- und Pflanzenliebhaber auf jeden Fall. Sie finden hier Exoten wie Plumeria, Venusfliegenfalle, Sukkulenten und Kakteen, winterharte und einjährige Stauden, biologisch oder herkömmlich angebaute Kräuter, selbstgezüchtete und importierte Gemüse- und Beetpflanzen und vieles mehr. Zimmerpflanzen, Blumenzwiebeln, Schnittblumen, Dünge- und Pflanzenschutzmittel,

Gartenmöbel und -dekorationen sowie Aussteller zum Garten- und Landschaftsbau ergänzen das Angebot.
On Top gibt es kostenlose Tipps vom Fachmann. Insider kommen bereits am Samstag, wo es etwas ruhiger zugeht und die Auswahl noch größer ist. Denn am verkaufsoffenen Sonntag heißt es „Rien ne va plus", wenn Blumenfans aus dem ganzen Ruhrgebiet in die verträumte Stadt Herten einfallen.

Stadt Herten
Ewaldstraße/Hermannstraße
45699 Herten
Öffnungszeiten: Sa 10–18 Uhr,
So 11–18 Uhr (verkaufsoffen)
www.blumenundgartenmarkt.de

DAMPFTAGE IM EISENBAHNMUSEUM, BOCHUM-DAHLHAUSEN

„Love me tender" schmachtete einst Elvis, aber Lokomotivführer wollte er nie werden. Ganz anders die Besucher des Eisenbahnmuseums Bochum-Dahlhausen. Zumindest einige von ihnen scheinen für nostalgische Dampflokomotiven ähnlich zärtliche Gefühle zu empfinden wie der King für seine Angebetete im Song.
Mächtig Eindruck schinden die Eisernen Ladies schon an normalen Museumstagen, wenn sie geparkt im Ringlokschuppen verliebte Blicke auf sich ziehen. Zugkraft entfalten die Wuchtbrummen allerdings erst, wenn sie unter Dampf stehen. Zum Beispiel an den „Museumstagen": An zwei Wochenenden im Jahr – jeweils im Frühjahr und Herbst – lädt Dahlhausen zum Eisenbahnfest. Diesem Lok-Ruf folgen tausende Liebhaber des alten Eisens, die die Feuerrösser und anderes historisches Rollmaterial in voller Aktion erleben können. Mitarbeiter und Helfer des Museums zwängen sich in historische Schaffner-Uniformen, Besucher genießen Sonderfahrten im Dritte-Klasse-Abteil oder dringen bis ins Allerheiligste vor und schauen auf den Führerstandsmitfahrten den rußverschmierten Heizern und Lokführern über die Schulter.
An den Dampftagen herrscht rund um Lokschuppen und Drehscheibe Volksfeststimmung. Überall pfeift, zischt und raucht es, in den Geruch von Wasserdampf und Kohle mischen sich nicht weniger verführerische Düfte von Grillwurst und Kaffee. Und sonntags kann der eigene Fuhrpark erweitert werden. Dann wird in der Wagenhalle eine große Modellbahnbörse veranstaltet.

Dr.-C.-Otto-Straße 191
44879 Bochum
Tel. 0234/492516
Öffnungszeiten:
1. März–18. November,
tägl. 10–17 Uhr,
Mo und Sa geschlossen
www.eisenbahnmuseum-bochum.de

FORMART MASCHINENHALLE FRIEDLICHER NACHBAR, BOCHUM

Klein, aber fein. Massen- oder Billigware findet man nicht bei der jährlichen Formart in Bochum-Linden. An zwei Wochenenden im Frühjahr steht die Maschinenhalle der ehemaligen Zeche Friedlicher Nachbar ganz im Zeichen der Formart. Hier bieten ausgesuchte Aussteller hochwertiges und pfiffiges Design zum Thema Wohnen und Mode an. Wer handwerklich hochwertige Möbel und Accessoires für das Zuhause sucht, wird hier fündig. Auch das Wochenende mit dem Schwerpunkt Mode hält anspruchsvolle und kreative Unikate bereit. Damit das Angebot der maximal 40 Aussteller auch stimmt, nehmen die beiden Veranstalter, Guido Röcken und Matthias Reckert, die Bewerbungen genau unter die Lupe. Der Kultur- und Projektmanager Röcken hat bereits bei vielen seiner Designprojekte guten Geschmack bewiesen. Und der Designer Reckert ist nicht nur der Besitzer der alten Maschinenhalle, sondern hat auch von Berufs wegen Ahnung von Ästhetik und Funktionalität.

Dass das Format der Formart aufgeht, beweisen die hohen Besucherzahlen. Auch die Aussteller sind zufrieden, zumal die Kauffreude trotz Wirtschaftskrise ungebrochen scheint. Und die Besucher? Sie schätzen den Charme der alten Maschinenhalle und die gelungene Mischung des Angebotes. Und das Gespräch mit dem Aussteller, der mit Enthusiasmus sein Produkt erklärt. Und wie es in Liebe zum Detail entstanden ist. Wer wüsste ein so erworbenes Stück nicht besonders zu schätzen?

Deimketal 9, 44797 Bochum
www.friedlicher-nachbar.de
www.bochumer-designpreis.de

GEIERABEND UND MAU-MAU-NACHT, DORTMUND/ESSEN

Mainz bleibt Mainz wie es singt und lacht – wer da nicht mitlachen kann, der geht nach Dortmund-Bövinghausen. Der Westfale an sich ist ja eher unjeck. Was nicht heißt, dass er nicht auch mal aus sich rausgehen kann. Und zwar immer dann, wenn die Panneköppe einmarschieren. Von wegen Helau oder Alaaf. Hier heißt es: „Aas klar!"

Seit 1992 veranstaltet das Theater „Fletch Bizzel" auf der Zeche Zollern II/IV den Geierabend. Bissiger Ruhrgebietskarneval mit Comedy, Kabarett und Musik. Höhepunkt: Die Verleihung des „Pannekopp des Jahres", dem wohl schwersten Karnevalsorden der Welt. Die bei den Geehrten eher unbeliebte Auszeichnung, gefertigt aus 28,5 kg rostigem Stahl, gibt es für „besondere" Verdienste um das Ruhrgebiet. Zum Beispiel für die Kaufleute eines schwarz-gelben Fußballvereins aus Dortmund oder für einen Rüsselsheimer Autohersteller, der in Bochum seine Spielchen treibt.

Viel kleiner, gar nicht professionell, aber umso kultiger geht es in Essen zu. „Der Vorstand" spielt „Weltmusik aus dem Kohlenpott". „Tuba Libre" stoßen ins schlecht gestimmte Horn. Und Schlagergott René Pascal betört die Herzen der Minipli-Fraktion. Auch in Essen ist Karneval. Auch alternativ. Aber irgendwie anders.

Die Legende erzählt von einer dunklen Winternacht anno 1993. Da trafen sich drei Menschen im „Torwesten", einer Kneipe in Essen-Überruhr. Das trübe Wetter, so ist es überliefert, veranlasste sie zum Konsum alkoholischer Getränke. Peter Mertner (genannt Pidder), Thomas Ophelders (genannt Doc) und Helmut Düngen (genannt Helmut) bildeten schon damals den Vorstand des „Solisa Freundeskreises" zur Unterstützung von

Entwicklungshilfeprojekten in Westafrika. Der kleine Verein war nicht mit üppigen Geldsummen gesegnet, und man überlegte, wie das zu ändern sei. Das Ergebnis: „Karnevalssamstach machen wir wat un' sammeln Geld."

Doch wie soll man das Kind nennen? Es trat eine namentlich nicht bekannte Frau aus Überruhr auf den Plan: „Hier is doch die Mau-Mau-Siedlung, gabet da nich ma so'n Stamm in Afrika?" Es entbrannte eine lebhafte Diskussion, bei der, so Pidder Mertner, „viel Scheiß geredet wurde". Übrig geblieben ist das Motto der Karnevalsveranstaltung: die Mau-Mau-Nacht. „Und die gibbet bis heute." Allerdings nicht mehr im „Torwesten", der nach drei Jahren drohte, wegen Überfüllung aus allen Nähten zu platzen. Der „Zehnthof" in Essen-Frillendorf erweist sich heute als Lokal mit dem gleichen suburbanen Flair – aber den stabileren Nähten.

Und die werden auf eine harte Probe gestellt, wenn das Publikum dem rüstigen Präsidenten ins Ohr brüllt: „Präsi, mach den Auerhahn!" Unter stürmischen Ovationen imitiert der „Partytiger" mit der Kraft der zwei Herzen einen Brunftschrei. Als Dank aus dem Zuschauerraum erschallt das Loblied: „Es gibt nur ein' Präsident'." Es gibt nur eine Mau-Mau-Nacht. Aber die jedes Jahr. Am „Karnevalssamstach".

Gaststätte „Ampütte"
Rüttenscheider Straße 42, 45128 Essen
Tel. 0201/775572
www.skatliga.de/maumau

„Fletch Bizzel"
Humboldtstraße 45
44137 Dortmund
Tel. 0231/1629820
www.geierabend.de
www.fletch-bizzel.de

Für eine Hand voll Karten: der Mau-Mau-Vorstand

Programmkino mit Kuschelfaktor

„HAROLD AND MAUDE" IN DER GALERIE CINEMA, ESSEN

Der junge Mann inszeniert seinen Tod. Er dümpelt mit dem Kopf nach unten im Swimmingpool, sticht sich ein Messer in die Brust oder baumelt von der Decke. Alles nur ein düsterer Spaß. Doch dann verliebt er sich in eine Frau, die seine Großmutter sein könnte und die bald wirklich sterben muss – nicht ohne ihrem todessüchtigen Lover vorher zu zeigen, was Leben ist.

Hal Ashbys Film aus dem Jahr 1971 fand zunächst keinen deutschen Verleih. Ein paar engagierte Kinos zeigten das makabre Werk trotzdem. Mit Erfolg. Von nun an stand „Harold und Maude" für das etwas andere Leben auf bundesdeutschen Kinoleinwänden: Das Programmkino. Die meist jungen Macher staksten so fröhlich wie der langbeinige Bud Cort am Ende von „Harold und Maude" durch unerforschte Filmlandschaften. Sie brachten die Marx Brothers nach Deutschland und machten den als trivial verschrienen Hitchcock salonfähig. In Essen dafür zuständig: Die Galerie Cinema, das kleinste Filmkunsttheater Deutschlands.

„Harold und Maude" kamen am 6. Juni 1975 hierher und liebten sich 18 Wochen lang vor ausverkauftem Haus. Da ihre Beliebtheit nicht einmal vom Fernsehen wegzusenden war, fanden sie bald ihren festen Platz am Sonntagnachmittag. Und zwar an jedem Sonntagnachmittag. Bis heute. Der Saal mit 45 Plätzen wird mit Dolby-Stereo-Ton und 35 mm Vier- und Fünf-Kanal-Magnetton beschallt. Originalfassungen, Retrospektiven, Erstaufführungen. Für Cineasten, die es kuschelig mögen.

Julienstraße 73, 45130 Essen
Tel. 0201/778494
„Harold and Maude", immer So 17 Uhr
Original mit deutschen Untertiteln
www.essener-filmkunsttheater.de

HISTORISCHE RADIO- UND FERNSEHBÖRSE, DATTELN

Jedes Jahr im April und Oktober zieht es hunderte Sammler in die kleine Kanalstadt Datteln. Hier finden sie in der Stadthalle über 200 Aussteller mit ihren alten Schätzchen; vom Volksempfänger über Phonotruhen, Röhrenfernseher bis hin zu Schellackplatten.

Als das Kulturamt 1988 die erste Radio- und Fernsehbörse ausrichtete, war man schon sehr skeptisch. Initiator der Börse war der gebürtige Dattelner Rainer Berkenhoff, besser bekannt als Trödelking. Er, der sich selbst als etwas spleenig bezeichnet, schaffte es mit seiner Beharrlichkeit, dass diese Premierenveranstaltung statt fand. Als dann am besagten Sonntag bereits Stunden vor Beginn Besuchermassen vor den Toren der Stadthalle standen, konnten sich die Veranstalter entspannt zurücklehnen.

Heute ist die einzige Börse dieser Art in NRW auch die größte in Deutschland. Für Raritätensammler aus dem Inland und den benachbarten Niederlanden ein Pflichttermin.

Rainer Berkenhoff hatte auf jeden Fall den richtigen Riecher und kann sich freuen. Auch darüber, dass er an diesen zwei Sonntagen im Jahr mal nicht zig Kilometer zu anderen Märkten fahren muss, um Raritäten zu ergattern. Wobei Berkenhoff mehr als nur Radios und Fernseher sammelt. Seine Wohnung ist ein nostalgisches Museum; von der Mecki-Figur über alte Möbel bis hin zum Trabbi ist alles vertreten. Kein Wunder, dass auch das Fernsehen mittlerweile Requisiten anfragt. Zum Beispiel für eine Studiokulisse im Stile der 60er Jahre. Und die passende Platte wie „Schön war die Zeit" findet sich bestimmt auch noch in Berkenhoffs Fundus.

Stadthalle Datteln, Kolpingstraße 1
45711 Datteln (April und September)
www.datteln.de

INTERNATIONALES FESTIVAL DES FAHRRAD-VIDEOS, BOCHUM

Zugegeben, die Bochumer Veranstaltungsreihe gehört vielleicht nicht für jeden zum Pflichtprogramm und die „Goldene Kurbel" nicht in jeden Trophäenschrank. Aber dafür ist der seit 2006 alljährlich ausgerichtete Wettbewerb um den besten Radsport-Film wirklich außergewöhnlich – mit originellen und kunstvollen Kurzfilmen abseits des Mainstreams.

Alltägliche Skurrilitäten jenseits abspringender Ketten und quietschender Rücktrittsbremsen, poetische Huldigungen abseits der gruseligen Kommentare öffentlich-rechtlicher Peinfiguren wie Jürgen Emig oder Klaus Angermann – das Thema „Rad" bekommt aus dem cineastischen Blickwinkel nicht für möglich gehaltene Dimensionen. Solange ein Beitrag nicht länger als 20 Minuten ist, darf er Jury und Zuschauer gerne in soziale, politische, humoristische oder künstlerische Weiten lenken. Das wird zuweilen so subtil, dass 2009 erstmals der Preis für das „Fahrrad in der Nebenrolle" vergeben wurde. Die Laudatoren kommentierten damals den Gewinnerfilm: „Alpenländischer Anarchohumor prallt auf Mountainbiker, ein Fahrradfilm, ohne dass ein Fahrrad zu sehen ist." Noch Fragen?

Rein sportlich wird es am Ende des Festivals aber doch noch, wenn es im Sprintrennen über 800 Meter auf der Bochumer Radbahn um das „Souvenir Stefan Götz" geht, hervorgegangen aus der inoffiziellen und offenen Vereinsmeisterschaft der Bochumer Radsporttruppe „Hollandse Frietjes", auch „Bochumer Frittenteam" genannt. Aber das ist eine andere Geschichte.

Gernot Mühge, Schloss Wielert
Im Wielert 10, 44807 Bochum
Tel. 0209/1707-255 (tagsüber)
Tel. 0234/4389918 (abends)
www.cyclingfilms.de

MONTANTRÖDELMARKT KOKEREI HANSA, DORTMUND

Wer an Christi Himmelfahrt Bergbauveteranen, Stahlbauer und ihre Kuriositätensammlungen erleben möchte, sollte den traditionellen Montantrödelmarkt auf dem Gelände der ehemaligen Kokerei Hansa in Dortmund-Huckarde nicht versäumen. Dort findet man die Ehemaligen, die entweder selbst ihre alten Schätze anbieten oder auf der Suche danach sind. Seit 2003 kann man hier nach alten Hauerbriefen stöbern, echte Grubenlampen ergattern oder die Barbarafigur mit nach Hause nehmen. Auch Arschleder, Schutzmasken und das schwarze Gold gehen vor der historischen Kokereikulisse über den Verkaufstisch.

Alte Schilder, vergilbte Plakate oder Bücher sind Zeugen einer spannenden Zeit, als sich im Ruhrgebiet noch Alles um Kohle und Stahl drehte. Neben dem „Trödel“ gibt es Anekdoten aus erster Hand, denn die Veteranen haben Einiges zu erzählen ...

Möglich macht diese Traditionsveranstaltung die Bergbau-Stiftung Industriedenkmalpflege und Geschichtskultur. Der Trödelmarkt auf den Werksstraßen der Kokerei, in der Kompressorenhalle und Waschkaue des Industriedenkmals ist auch für die jüngere Generation spannend – ein Stück Zeitreise zurück in das Montanzeitalter.

Emscherallee 11
44369 Dortmund-Huckarde
Tel. 0231/931122-33
Öffnungszeiten:
Christi Himmelfahrt, 11–17 Uhr
www.montantroedelmarkt.de

PAMELA FALCON IM RIFF, BOCHUM

„Nirgendwo ist das Ruhrgebiet so sehr New York wie hinter dem Bermuda-Dreieck.“ Dieser WAZ-Satz bezieht sich vor allem auf das Drumherum des Dahinter: Denn hinter dem Dreieck, das ein Viertel ist, liegt eine Kehrseite, auf der nie gekehrt wird. Da gibt es Bauschutt und Graffiti, da gibt es Industrieruinen, die trotz IBA und Kulturhauptstadt noch immer Ruinen sind, und da gibt es jene Uhr, die fünf vor zwölf zeigt. Immer.

Hinter diesem Drumherum liegt das „Riff“, das nicht so genau weiß, ob es eine große Bar sein will oder eine kleine Konzerthalle. Und durch diese mittelgroße Konzerthallenbar fegt allwöchentlich eine riesige Stimme: „New York Nights“ heißen die zur Legende avancierten Konzerte der US-Amerikanerin Pamela Falcon. „Das Ruhrgebiet ist meine zweite Heimat“, sagt sie, und: „I don’t have the heimweh.“ Diese Frau ist ein Feger, ihre Stimme und ihre Bühnenpräsenz kommen mit einer derartigen Wucht, dass kaum jemand die Füße stillhalten kann. Wer allzu sehr mittobt und in Verdacht gerät, singen zu können, läuft Gefahr, auf die Bühne geholt und ein Mikro in die Hand gedrückt zu bekommen.

Rock, Pop, Soul und Funk, aktuelle Chartbreaker, alte Kamellen: Seit über zehn Jahren beschallt die gebürtige New Yorkerin mit ihrer Band das „Riff“. Immer mittwochs, egal ob Weihnachten oder Geburtstag, egal ob 30 Gäste oder 300. Mitte 2009 gab sie ihr 500. Konzert im Riff – das 1000. dürfte schätzungsweise im Jahr 2018 stattfinden.

Konrad Adenauer Platz 3
44787 Bochum
jeden Mi ab 20 Uhr
www.riff-bochum.de

POMMESPARTY RATSKELLER, RECKLINGHAUSEN

Im Jahr 2009 wurde eines der sicherlich außergewöhnlichsten Events im Ruhrgebiet ins Leben berufen: Die „Pommesparty". Anlass zu diesem ungewöhnlichen Ereignis war der Jahrestag der Veröffentlichung des „Pommesführer RUHR" und das zeitgleich gefeierte Jubiläum „60 Jahre Currywurst". Die Macher der Pommesbibel riefen, und die Stars der Szene kamen zum gemeinsamen Currywurst braten in den Recklinghäuser Ratskeller. Curry Heini aus Waltrop, Eddi vom Wittener Durst- und Wurst-Express, der Scharfmacher aus Wanne-Eickel, Biggi mit ihrer Futterkrippe und der Profi-Griller Raimund Ostendorp boten den über 200 Partygästen ihre schmackhaften Kreationen an. Der WDR berichtete in einer Live-Schaltung aus dem Ratskeller und schaute den Stars bei der Wurstzubereitung über die Schulter. Umrahmt wurde der Abend von launigen Interviews, einer Quiz-Runde und dem Scharfesswettbewerb. Die musikalische Begleitung übernahm der Ruhrpott-Barde Boris Gott mit seinem Pommesbuden-Song. Höhepunkt der Veranstaltung war die Auszeichnung für die beste Pommesbude des Reviers und die schmackhafteste Stadionwurst, die in einer Internet-Abstimmung gewählt werden konnten. Beste Revier-Bude 2009 wurde übrigens der Profi-Grill, die silberne Grillzange für die beste Stadionwurst ging an den FC Schalke. Aufgrund der unerwartet großen Resonanz wird aus der Party, die eigentlich zunächst in kleinem Rahmen begangen werden sollte, nun eine jährlich wiederkehrende Veranstaltung für alle Fans von „Currywurst-Pommes-Mayo".

immer im Herbst
Rathausplatz 3
45657 Recklinghausen
Tel. 02361/5822022
www.ratskeller-re.de

Boris Gott auf der Pommesparty

SCHARFESSWETTBEWERB CURRYWURST, HERNE

Gerhard Herzog ist jemand, den man durchaus als Multi-Talent bezeichnen kann. Er ist Imbiss-Verkäufer, Event-Manager und Moderator oder einfach „Der Scharfmacher". Zweifelsohne hat er sich mit der schärfsten Currywurst der Welt einen Namen gemacht. Vierzehn Jahre stand er tagtäglich hinter der Theke seiner Brathütte, doch der Aufstieg zum Scharfmacher der Nation gelang ihm 2007. Mit der Idee seine Wurst – die original Dönninghaus – in verschiedenen Schärfegraden anzubieten, schaffte er den (Magen-)Durchbruch. Das Zauberwort heißt MAD DOG 38 Spezial, die feurigsten Tropfen des Planeten, deren Schärfegrad in Scoville-Einheiten gemessen wird. Die Scoville-Einheit gibt die Menge an Wassertropfen an, mit der ein Tropfen MAD DOG 38 Spezial komplett neutralisiert wird. Mit der Zucht von Habanero-Chilis und der Zubereitung der berühmten kandierten Wüsten-Heuschrecken im Habanero-Mantel erweiterte der Saucentüftler sein Programm um herzhafte Delikatessen.

Die bis zu 11 Schärfegrade der Currysauce sind eine Herausforderung an jeden Budenbesucher. In der Regel geben sich die Gäste mit einer „mittelscharfen Wurst" vollkommen zufrieden, doch einmal im Jahr pilgern dutzende Scharfesser aus dem In- und Umland nach Herne und stellen sich der Herausforderung der Deutschen Schärfe-Wettess-Meisterschaften, die Gerd Herzog aus der Taufe gehoben hat. Der Wettbewerb wird von Herzog moderiert und vom Roten Kreuz medizinisch überwacht. Denn ab Stufe 8 aufwärts kann es zu verstärktem Schweißausbruch und Bluthochdruck kommen, so dass einige Teilnehmer vorzeitig aus dem Wettbewerb genommen werden müssen. Ein probates Hilfsmittel zur Linderung der Schmerzen sind die Milch- und Kakaotüten, die stets griffbereit sind. Die Autoren mussten übrigens bei Stufe 9 das Handtuch werfen.

Heidstraße 28
44649 Herne
Tel. 02325/77776
Öffnungszeiten:
Mo-Fr 12-21.30 Uhr
Sa/So geschlossen
www.diecurrywurst.com

STAU AUF DER 40

Wenn man die A40 gesehen hat, ist man wirklich im Ruhrgebiet angekommen. Die beliebte Asphaltader verbindet die „Big Four“ des Ruhrgebiets – Dortmund, Bochum, Essen und Duisburg – und sammelt auf ihrem Weg durchs Revier täglich über 14.0000 Autos mit zahlreichen Pendlern, City-Hoppern, und Gewohnheitsfahrern auf der Fahrt zur Arbeit oder in die Nachbarstadt ein. Die Autobahn entspringt am Kreuz Dortmund-West aus einem Seitenarm der B1 und mündet bei Straelen an der niederländischen Grenze in die A67. Zahlreiche Ausfahrten mit so klangvollen Namen wie Frohnhausen, Heimaterde oder Kaiserberg säumen ihren Weg. Auch die Anschlussstellen Winkhausen und Freudenbergstraße lassen Rückschlüsse auf den heiteren Gemütszustand der Anrainer zu. Hier ist das Rauschen der Rausch.

Jeden Morgen zwischen sieben und halb zehn trifft sich der Freundeskreis A40 auf dem besonders beliebten Abschnitt zwischen Bochum und Essen. Neben den vielen bunten Autos auf dem längsten Parkplatz des Ruhrgebiets gibt es ab und zu eine schöne Wanderbaustelle oder auch hier und da mal einen kleinen Blechschaden. Bei großen Fußballfesten wie der Weltmeisterschaft haben die Anwohner ihre Häuser phantasievoll geschmückt, lassen Fahnen über die Lärmschutzwand flattern, und bieten einen Hauch von Volksfeststimmung. Und wer hier in der Weihnachtszeit in Fahrtrichtung Essen Schlange steht, kann durch das Beifahrerfenster an einer Häuserzeile das berühmteste Lichtermeer jenseits von Las Vegas bestaunen.

Öffnungszeiten:
24 Stunden

Der Staudamm des Jahrhunderts – die A40 bei Essen

SWING PALAST, BOCHUM

Es gibt nur wenige Partyformate, die Leute von außerhalb ins Ruhrgebiet ziehen. Für eines aber kommt eine eingeschworene Fangemeinde aus ganz NRW – zum Swing Palast in die Bochumer Eve Bar. Britney, Justin und Co.? Die laufen anderswo. Wenn „Salon Löwe" und Initiator Jürgen Bielawny zu den Platten greift, fliegen die Röcke zu Godmans „Sing Sing Sing", Max Raabe oder Chick Webb. Das Palast-Publikum feiert abseits des musikalischen und modischen Mainstreams: Die Damen tragen 50s-Kleider oder Glamouröses aus der Zeit der Prohibition, die Herren bewegen sich mit Anzügen, Schlägermützen und Hosenträgern zwischen Swing Kids und Rockabilly-Schick. Gründe diese Party zu feiern, gibt es viele. Jürgen Bielawny geht es dabei durchaus um politische Statements wie Antirassismus und Individualität in einer Zeit der popkulturellen Uniformierung.
Aber er betont auch: „Wir wollen vor allem das Leben zelebrieren". Und das geht vielleicht nirgends so gut wie hier: Zwischen eleganter Garderobe, purer Lebensfreude und knisternder Erotik aus einer Zeit, in der sich die Paare zum Tanzen noch berührten, liegt schlichtweg etwas zeitlos Magisches. Tipp: Herren, die Palastatmosphäre schnuppern wollen, können sich im „Le Salon" von Jürgen Bielawny mit passender Second-Hand-Mode stilecht und vor allem günstig stylen.

Eve Bar/Schauspielhaus Bochum
Königsallee 15
44789 Bochum
jeden 3. Samstag im Monat
www.le-salon-bochum.de

Der Salonlöwe in seinem Revier

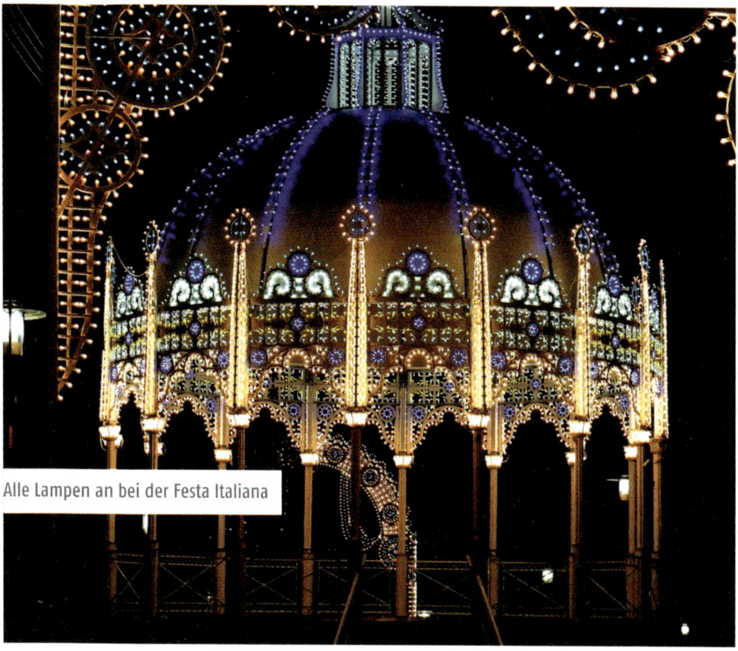

Alle Lampen an bei der Festa Italiana

UN(N)A FESTA ITALIANA, UNNA

Ein Muss für alle Italienfans! Alle zwei Jahre feiert Unna das größte italienische Fest diesseits der Alpen und wird für fünf Tage zur nördlichsten Provinz Italiens. Damit Unna zur Piazza wird und der Westfale das Dolce Vita vor der Haustür erleben kann, wird viel getan.

Für das authentische Flair sorgen auf den Bühnen italienische Musikensembles und Folkloregruppen. Das in Jedem ein kleiner Italiener steckt, zeigt sich spätestens nach dem Genuss von ein paar Gläschen Vino – dann kommt es zu spontanen Gesangsdarbietungen oder temperamentvollen Tanzeinlagen. Oder auch zu Rekorden! Wie im Mai 2009, als sich 318 Paare auf dem Alten Markt den Weltrekord im Tarantella-Tanz ertanzten. Festa Italiana heißt natürlich auch Mangiare. Kulinarische Spezialitäten aus allen Regionen Italiens laden zum Genießen ein – von der selbst gemachten Pasta, über Scampis bis hin zum edlen Grappa reicht das Angebot.

Bella Romantica ist angesagt, wenn abends Lichterbögen, beleuchtete Pavillons und Fassadenprojektionen erstrahlen. Eigens aus der Adriastadt Bari angereiste Lichtkünstler sorgen für diese wundervolle „Illuminazione" aus über 100.000 Lämpchen. Ebenfalls aus Italien kommen auch die Armbrustschützen; sie sorgen beim nächtlichen Schießen auf dem Kirchplatz für Nervenkitzel pur. Angeblich haben die Balestrieri trotz aller italienischen Genüsse noch nie ihr Ziel verfehlt!

Un(n)a Festa Italiana – leider nur alle 2 Jahre ein Stück Italien in Westfalen.

Innenstadt, 59423 Unna
Veranstaltungsszeiten:
Mi 18–24 Uhr,
Do–Sa 10–23 Uhr, So 10–18 Uhr
www.unna-marketing.de

„Totems" mit Aussicht auf der Halde Haniel

HALDE HANIEL, BOTTROP

Die im Volksmund auch „Monte Schlacko" genannte Halde hat sich zu einem Kulturraum entwickelt. Auf der Haldenkuppe wurde in 126 Metern Höhe aus dem Bergematerial der ehemaligen Zeche Prosper-Haniel ein offenes Amphitheater nach griechischem Vorbild angelegt, das 800 Besuchern Platz bietet, 1999 eröffnet wurde und vielbeachtete Theaterstücke wie „Jedermann" (1999), „Sommernachtstraum" (2001), „Dreigroschenoper" (2002) oder „Cabaret" (2003) zeigte.

Ebenso einzigartig ist der 1995 von Bischof Hubert Luthe eingeweihte Kreuzweg, der in 15 Stationen – gestaltet aus Kupfertafeln mit Szenen aus der christlichen Liturgie und Motiven aus dem Bergbau von der Künstlerin und Ordensfrau Tisa von Schulenburg und dem Oberhausener Künstler Adolf Radecki – zum Gipfel führt. Ein hohes, aus Spurlatten errichtetes Kreuz auf dem Haldenkopf erinnert an den Papstbesuch am 2. Mai 1987 auf dem Bergwerk Prosper-Haniel. Von hier aus hat man einen wunderbaren Blick über das nordwestliche Ruhrgebiet.

Perspektiven ganz anderer Art bietet eine weitere, seit 2002 bestehende Kulturattraktion. Der baskische Maler und Bildhauer Agustín Ibarrola hat aus über 100 bearbeiteten Eisenbahnschwellen die archaische Installation „Totems" geschaffen, die sich mit den (scheinbaren) Gegensätzen von Industrieraum und Natur beschäftigt.

Fernewaldstraße
46242 Bottrop

HALDE HOHEWARD, RECKLINGHAUSEN/HERTEN

Wer sich den viel beschworenen Strukturwandel zu Gemüte führen möchte, der besteige eine Halde – wenn er sie denn als solche erkennt. Das ist gar nicht mehr so leicht, denn oft hat da irgendwer irgendwas draufgestellt: Eine Bramme, eine Skihalle oder ein Horizont-Observatorium. Letzteres befindet sich auf der Halde Hoheward in der „größten Haldenlandschaft Europas".

Schon von der A2 aus sind sie zu sehen: Zwei riesige Metallbögen. Hätte es bei den Maya schon Stahl gegeben, so oder so ähnlich würden ihre Ruinen heute aussehen. Denn wie bei den antiken Bauten Mittelamerikas ist anhand der Bögen Hohewards der Verlauf von Sonne, Mond und Sternen zu beobachten. Und falls Sie mal nicht wissen, wie spät es ist: Gleich nebenan wirft ein knapp neun Meter hoher Obelisk aus Edelstahl seinen Schatten auf eine kreisrunde Fläche mit einem Durchmesser von 62 Metern und dient so als Zeiger einer Sonnenuhr. Die funktioniert natürlich nur am Tag.

Zum magischen Ort wird das Amphitheater für Sternengucker jedoch vor allem abends und nachts, wenn das Revier in Abendrot getaucht ist. Dort oben leuchten die Sterne, und unten leuchten wir: Die aufflackernden Feuer von Scholven Chemie in Gelsenkirchen, überhaupt das Ruhrgebiet im Lichte seiner Werke und Innenstädte, die vorbeihuschenden Scheinwerfer auf der A 2. Und manchmal auch die Taschenlampen der Wachmänner, die darauf aufpassen, dass niemand die Sterne vom Himmel holt.

Am besten zu erreichen ist die Halde übrigens vom Gelände der ehemaligen Zeche Recklinghausen II („Klärchen" genannt) über eine weitere Sehenswürdigkeit – die Drachenbrücke.

Cranger Straße
45661 Recklinghausen-Hochlarmark
www.rvr-online.de

Lasershow auf Halde Hoheward

HALDE RHEINPREUSSEN, MOERS

Von Weitem sieht die Halde Rheinpreußen aus, als hätte dort der Scheinriese Herr Tur Tur mal für einen Moment seine Lampe abgestellt. Jener Herr Tur Tur, den Jim Knopf und Lukas in der Wüste aufgabelten und mit nach Lummerland nahmen, damit er sich dort als lebender Leuchtturm nützlich mache. Nähert man sich der Halde in Moers, wird die Grubenlampe aber nicht kleiner, wie bei Scheinriesen üblich, sondern immer größer. 30 Meter inklusive Sockel und Bügel sind es dann, wenn man direkt vor ihr steht.

Die überdimensionale Grubenlampe als Leuchtturm des Ruhrgebiets wirkt weder platt noch peinlich. Die Installation stammt von Otto Piene, der für Rheinpreußen auf die Form der klassischen Davy-Lampe der Bergleute im 19. Jahrhundert zurückgriff. Diese konstruierte und inszenierte er mit Stahl, Licht, Farbe und Umfeld. 35 Leuchtmasten tauchen abends die Halde und Landmarke in rotes Licht. Wer nach Einbruch der Dunkelheit Rheinpreußen auf den Buckel steigt (und das sollte man unbedingt tun!), sieht nicht nur den roten Berg, sondern noch mehr Licht: Auf der anderen Rheinseite strahlt das alte Ruhrgebiet. Mit Hochöfen, Kokereien, Stahlwerken und Chemieanlagen. Ein Blick, den in dieser Größe und Dramatik keine andere Halde weit und breit bietet. Und weit entrückt von der fast unwirklichen Szenerie, hat man oben auf dem Berg das Gefühl, über einem einzigartigen Ruhrgebiet zu schweben.

Römerstraße/Gutenbergstraße
47445 Moers
Beleuchtung:
im Sommer ca. 21-23 Uhr
im Winter ca. 19-21 Uhr

Rotlichtviertel: Grubenlampe im Kreise ihrer Leuchtmasten auf der Halde Rheinpreußen

SCHURENBACHHALDE, ESSEN-ALTENESSEN

Gehen Sie auf einen Hügel, vorzugsweise dorthin, wo es nie einen gab. Nehmen Sie einen Weg Ihrer Wahl. Sie erleben, wie der natürliche Horizont beim Besteigen des Hügels nach und nach ersetzt wird. Sie lassen die Stadt hinter sich, die Arbeit, den Stress. Den Aufstieg begleiten Klänge: Autos, Vögel, Wind, ein paar Stimmen, das Knirschen Ihrer Schritte. Der Grund, auf dem Sie gehen, ist Grund genug fürs Gehen.

Das Ungetüm auf dem Ungetüm taucht auf. Das Unterbewusstsein legt die Einleitung aus „Also sprach Zarathustra" als Hintergrundmusik unter das Gesehene. Denn wie in Stanley Kubricks „2001" hebt sie sich sukzessive vom schwach erhellten Hintergrund ab: eine Stahlplatte von fast 70 Tonnen Gewicht auf einem Berg, der, aufgeschüttet aus den Waschbergen des Steinkohlenbergbaus, mit seinen 24,5 Millionen Tonnen noch eine ganz andere Dimension darstellt. Von der Höhe des Hügels aus ins Tal zurückblicken. Keine Fläche ist da zu sehen, kein Zentrum, sondern ein Raum, eine Vielzahl von Zentren.

Ohrenbetäubender Lärm und bunte Lichtblitze holen Sie schlagartig in die Realität zurück. Feuerwerk, Sektkorken, Gewusel und Gesang, wildfremde Menschen schlagen Ihnen freudig zwischen die Schulterblätter. Das Ungetüm auf dem Ungetüm bleibt ungerührt. 70 Tonnen lassen sich nicht so leicht rühren. 24,5 Millionen Tonnen erst recht nicht.

Sie stehen auf der Schurenbachhalde. Es ist Mitternacht. Frohes Neues Jahr.

Emscherstraße, 45329 Essen-Altenessen
Tel. 0180/4000086
www.route-industriekultur.de

Knocking on heavens door

HEIRATEN IM BERGBAU- & GESCHICHTSMUSEUM, OER-ERKENSCHWICK

Wer einen ungewöhnlichen Ort zum Heiraten sucht, ist im ehemaligen Lehrstollen am Ziegeleitor in Oer-Erkenschwick genau richtig. Dass es den ehemaligen Lehrstollen und das kleine Bergbau- & Geschichtsmuseum gibt, ist den damaligen 80 Bürgern zu verdanken, die den Bergbau- und Geschichtsverein 2001 gründeten. Sie wollten ein Stück Ruhrpott-Geschichte aus Oer-Erkenschwick und der Region erhalten.

Das Museum als Ort zum Heiraten gilt als Geheimtipp. Wo in dem 200 m langen Streckenausbau noch bis vor wenigen Jahren junge Männer ausgebildet wurden, sitzen während der Trauung das Brautpaar, der Standesbeamte und die Hochzeitsgäste. Bei Grubenlampenlicht und vor alten Maschinen. Die Geräusche vom Band werden während der Zeremonie ausgeschaltet, schließlich soll das JA-Wort nicht im Untertagelärm untergehen.

Nach dem Ringtausch entfliehen romantische Brautpaare schon einmal nach Nebenan in das Museum. Hier genießt man auf dem Sofa in der originalgetreuen Wohnung im Stile der 50er Jahre, auch „Gelsenkirchener Barock“ genannt, einen Moment der Zweisamkeit. Perfekt wird das Bergmanns-Hochzeitspaket, wenn in der „Revierbude“ weitergefeiert wird.

Dann schließt sich der Kreis um den schönsten Untertage-Tag im Leben.

Am Ziegeleitor, 45739 Oer-Erkenschwick
Tel. 02368/53661 oder 02368/4696
Öffnungszeiten: Mi und Sa 10-13 Uhr und nach Vereinbarung
Für Hochzeiten: Standesamt Oer-Erkenschwick Tel. 02368/691-203
www.museum-oe.de

HOCHZEITSMEILE, DUISBURG-MARXLOH

Benimle evlenirmisin? Das bedeutet „Willst du mich heiraten?“ auf Türkisch. Wird diese Frage mit „Evet!“ beantwortet, gilt es ein Hochzeitsfest zu planen. Und was für eins! Präsentation der Aussteuer, Braut-Hamam, Henna-Nacht, Hochzeitstag und Paca-Fest. Eine türkische Hochzeit ist bunt, laut, glitzernd und benötigt neben der Hochzeitsgarderobe allerlei Zubehör. Alles auf einem Haufen finden türkische Heiratswillige mitten in Duisburg-Marxloh. Neben Bekleidungsgeschäften finden sich unter den fast 50 Läden der türkischen Brautmodenmeile ebenfalls Schneider, Fotografen, Frisöre und Reisebüros. Doch nicht nur türkische Einwohner zieht es ins Hochzeitsparadies, auch Deutsche finden an der etwas anderen Braut- und Bräutigamausstattung immer mehr Gefallen. Maßanfertigungen stehen bei ihnen besonders hoch im Kurs, damit der pompöse Auftritt am schönsten Tag im Leben auch gesichert ist.

Auch Nicht-Heiratswütige können im riesigen Schmuck- und Essensangebot fündig werden. Wer im Türkei-Urlaub das passende Mitbringsel vergessen hat, wird in der Weseler Straße in Duisburg bestimmt fündig. Ein Ausflug in die schillernde Welt der türkischen Hochzeit lohnt sich allemal, so taucht der Besucher mit all seinen Sinnen in ein Stück Istanbul ein. Fernöstliche Gerüche und Kleiderträume aus Perlen und Tüll verzaubern jeden Gast und wenn man sich dann noch zur Anprobe traut, können sich die Damen für ein paar Minuten wie orientalische Prinzessinnen fühlen. Der Duisburger Stadtteil Marxloh ist als Mekka der Brautmode weit über das Ruhrgebiet hinaus bekannt. Längst ist er ein Magnet für Türkischstämmige aus den Niederlanden, Belgien und Frankreich geworden. Marxloh ist einfach näher als Istanbul.

Weseler Straße
47169 Duisburg
www.duisburg.de

KAPELLE VELTINS-ARENA, GELSENKIRCHEN

Die Veltins-Arena in Gelsenkirchen ist nach dem Camp Nou in Barcelona das zweite Stadion des Kontinents, in das eine Kapelle integriert wurde. „Wenn Menschen in unserer Stadt in Not sind, wenden sie sich entweder an die Kirche oder an Schalke 04. Mit der Kapelle und der möglichst häufigen Anwesenheit eines Seelsorgers wollen wir dieser Aufgabe gerecht werden", sagte Schalke-Geschäftsführer Peter Peters bei der Einweihung der Kapelle 2001. Der 70 Quadratmeter große Raum ist auch kein Fußball-Tempel mit Pokalen und Trophäen in Vitrinen. Die Kapelle im Stadion-Keller in der Nähe der Spielerkabinen ist schlicht und modern gestaltet: Statt der Vereinsfarben Blau und Weiß dominieren schwarz und weiß. Seelsorge statt Starkicker-Kult lautet das Gebot. „Fußball ist für mich keine Religion", bekennt der evangelische Pfarrer Norbert Filthaus, der zusammen mit seinem katholischem Amtskollegen Georg Rücker die Kapelle leitet. Dennoch finden hier beinahe wöchentlich Taufen und Trauungen statt und blau-weiße Schals und Trikots sind dann keineswegs tabu. Insgesamt 24 Paare haben sich im Jahr 2004 am 04.04. und 04.05, dem offiziellem Geburtstag des FC Schalke 04, das Ja-Wort gegeben. Ob es denn allein des Beistands von ganz oben bedarf, die Meisterschale nach 1958 endlich wieder nach Schalke zu holen, kann auch Pfarrer Filthaus nicht beeinflussen: „Ich darf mir im Gebet zwar wünschen, dass Schalke Meister wird, es darf aber keinen beschwörenden Charakter annehmen."

Ernst-Kuzorra-Weg 1
45891 Gelsenkirchen
Tel. 0209/784322
www.veltins-arena.de

ART HOTEL TUCHOLSKY, BOCHUM

Hennes Bender war da. Und der hatte es nun wirklich nicht weit. Otto Sander, Ben Becker und Rufus Beck dagegen dürften eine etwas längere Anfahrt gehabt haben. Ebenso „Texas Lightning“, Lilo Wanders und Katja Riemann. Doch der großen Namen sind genug gefallen – das „Art Hotel Tucholsky“ steht eigentlich für sich. Mitten im Bochumer Bermudadreieck bietet es Durchreisenden Obdach – und ist zugleich Heimstatt der Kunst, was in einem ausgeprägten Kneipenviertel wirklich keine leichte Aufgabe ist.

Vor allem Collagen des Essener Künstlers Detlef Vordenbäumen zieren die Zimmer, die nach dem Prinzip „Wir kombinieren Kunst, zurückhaltende Eleganz und multimediale Faktoren“ eingerichtet wurden. 37 sind es insgesamt. Hinzu kommen in direktem Anschluss das „Café Tucholsky“ und das „Tapas“. Feine, kleine Lokalitäten für Kulturinteressierte von Kulturinteressierten, die vielleicht etwas anders sind als üblich.

Stichwort „Frühstück“: Buffets? Kennt man. A la carte? Nett, vor allem, wenn wie im „Tucholsky“ neben den Klassikern auch internationale Varianten auf der Karte stehen. Aber all das eben nicht nur früh, sondern auch spät, sagen wir mal: bis 18 Uhr? Ganz feine Sache – und eben ganz im Sinne eines echten Künstlers, der mitunter eben einen etwas anderen Lebensrhythmus hat als Ottonormalfrühstücker.

Viktoriastraße 73
44787 Bochum
Tel. 0234/964360
www.art-hotel-tucholsky.de

HOTEL ALTE LOHNHALLE – ZECHE BONIFACIUS, ESSEN

Der Umgangston ist heute ein anderer, auch hat man renoviert und zeitgemäß eingerichtet – ansonsten hat sich aber erfreulich wenig geändert an der Alten Lohnhalle der Zeche Bonifacius. Wo sich heute der Hotelgast in einer riesigen Lobby willkommen fühlt, warteten früher die Bergleute auf ihre Lohntüte. Die stand ihnen wohl zu, aber willkommen fühlen sollten die sich nicht. Direktor Emil Kirdorf, der die Tagesanlagen der Zeche kurz nach der vorletzten Jahrhundertwende neu bauen ließ, war ein Feind jeder Arbeiterbewegung. Entsprechend ließ er die Lohnhalle gestalten: Direktions- und Verwaltungsbüros, in denen heute die 17 Zimmer des Hotels sind, hoch über den Köpfen der Kumpel. Die Schalter, an denen ausgezahlt wurde, weit unter den Köpfen der Kumpel, die sich wie zum Dank verbeugen mussten. Die Fassade neugotisch, also mit Elementen, die man von Kathedralen und von Burgen kennt. Damals eine Demonstration von Macht, heute eher pittoresk.

Zum Hotel umgebaut hat Anna Kruljac die Alte Lohnhalle 2004, und damit leistete sie Pionierarbeit: Es war das erste Hotel in einer Zechenanlage. Die übrigen Anlagen samt Förderturm, Maschinenhalle und Fördermaschinen sind ähnlich gut erhalten, man kann sie sich bei Führungen zeigen lassen. Oder sie sich einfach anschauen, wenn man Wein kauft oder Blumen, ein Auto oder auch ein Brot im Discounter. Das alte Zechengelände wird nämlich sehr vielfältig genutzt.

Rotthauser Straße 40, 45309 Essen
Tel. 0201/384570
www.alte-lohnhalle.de

HOTEL CHILLTEN BOTTROP

Ein Hotel mit Ski-Aufbewahrung mitten im schneearmen Ruhrgebiet? Eigentlich kurios, läge nicht die Erklärung gleich auf der Halde vis à vis. Vom Bottroper Ruhrstadt Hostel & Hotel fällt der Blick auf das Alpincenter, touristischer Hotspot und längste Indoor-Skipiste der Welt. Doch vor dem Ausblick kommt der Einblick – die Herberge selbst ist als Design-Objekt ein echter Hingucker. Architekt Eckhard Frodermann entwarf das futuristisch anmutende Gebilde aus Stahl, Beton und Glas. Dabei ruft die längliche Konstruktion mit seinem ellipsenförmigen Kopf durchaus Erinnerungen an Raumschiffe einschlägiger Science-Fiction-Filme wach. Szenen, wie die Belegung des Hauses durch eine Star-Trek-Fangemeinde, die im Nahe gelegenen Movie Park ihre „Convention" abhielten, gehören leider nicht in ins alltägliche Bild. Optisch stimmig wär's allemal. Auch drinnen ist die Herberge, zumindest wurde sie als Jugendherbergsersatz von der Stadt Bottrop konzeptioniert, ansehnlich gelungen. Seit ihrer Eröffnung 2006 schmücken großformatige Bilder und überdimensionale Mobiles die Räume. Und das Ganze zu vergleichsweise sehr günstigen Kursen bei familien- und gruppenfreundlicher Flexibilität: „Für einen polnischen Chor, dessen jüngstes Mitglied 72 Jahre alt war, haben wir alle Etagenbetten demontiert", erinnert sich Betreiberin Susanne Timm amüsiert. Preise für die Übernachtung: ab 14,90 Euro im Schlafsaal, bis 62 Euro für die Einzelzimmerbelegung. Dusche, WC, TV und Telefon gehören zum Hausstandard.

Gungstraße 3
46240 Bottrop
Tel. 02041/378580
www.chillten.de

hotel chillten, 2005 in Bottrop gelandet

Die schönsten Tage sind die Nächte – im Hostel Veritas

IN HOSTEL VERITAS, OBERHAUSEN

Ob die Wahrheit nun im römischen Wein oder doch eher im Oberhausener Hostel liegt, muss vermutlich ein Jeder selbst entscheiden. Eines sei jedoch angemerkt: die zwei jungen Betreiberinnen beeinflussen die Wahl mit schelmisch charmantem Augenaufschlag und flottem Mundwerk erheblich zu ihren Gunsten. Christina Antwerpen und Verena Breuckmann haben mit Anfang 20 den Schritt in die Selbstständigkeit gewagt und wussten anscheinend genau, was sie tun – auch wenn das Filmplakat eines berühmten James Dean-Filmes an der Rezeption etwas anderes vermuten ließe. Das ehemalige Torhaus der Zeche Oberhausen ist heute das erste Backpacker Hostel des Ruhrgebietes. Mehr Ruhrpottcharme geht nicht. Vor allem wenn die Zimmer so individuell wie auch liebevoll eingerichtet sind

wie hier. Engelchen-, Kohlenpott- oder Fußballthematik sind nur drei Beispiele dafür. Keine Spur von klassischer Herbergsatmosphäre oder kautzigen Herbergsvätern. Alles wirkt jung und modern. Der eigene Schlüssel beim Check-In für die nötige zeitliche Unabhängigkeit beim Erkunden der Umgebung oder das Frühstück zur Mittagszeit nach einer langen Partynacht sind Beleg für die im Hostel gelebte Freiheit. Wer bereits vor der Anreise ein individuelles Aufenthaltsprogramm für das Ruhrgebiet wünscht, kann auch dies bei den beiden Damen erhalten. Schließlich sind sie weit mehr als nur schnöde Bettenverkäufer. Sie verkaufen das Ruhrgebiet, inklusive KUMPEL-GEFÜHL!

Essener Straße 259
46047 Oberhausen
Tel. 0208/8690884
www.in-hostel-veritas.de

JUGENDHERBERGE, DUISBURG-MEIDERICH

Die eine von den beiden Jugendherbergen in Duisburg liegt ziemlich genau da, wo man sie erwartet hätte: Am Sportpark Wedau. Im Grünen, nahe am Stadion, an der Regattabahn und der Wakeboard-Anlage mit ihren jährlichen Wettbewerben, zu denen Jugendliche teils aus aller Welt anreisen.

Die andere eröffnete 2001 im Stadtteil Meiderich an einem Standort, der nur auf den ersten Blick etwas extravagant wirkt: Im ehemaligen Verwaltungsgebäude des Thyssen-Hochofenwerks. Bis 1985 wurde hier Roheisen gewonnen, in den 90er Jahren wandelte sich das Hüttenwerk zu einem Landschaftspark mit einer Reihe von Veranstaltungsorten und es entstand, wie der Spiegel schrieb, „ein Abenteuerspielplatz voller Industrie-Ruinen".

Die Jugendherberge in dem historischen, sehr schön renovierten Gebäude gleich neben der riesigen Kraftzentrale ist übrigens eine von der ganz modernen Sorte mit Doppel- und sogar mit Einzelzimmern. Gut für Klassenfahrten, aber auch der Alleinreisende und Familien sind hier richtig.

Lösorter Straße 133
47137 Duisburg
Tel. 0203/41 79 00
www.duisburg-meiderich.jugendherberge.de

LINUXHOTEL, ESSEN

Wenn Computerfreaks sich treffen, ist normalerweise das Chaos aus Fast-Food-Resten nicht weit – leichenblasse Gesichter mit rot entzündeten Augen inklusive. Auch im Essener Linuxhotel spielen Betriebssysteme, Bytes und Bildschirme die Hauptrolle, nur mit gänzlich anderen Vorzeichen. Das Linux ist eines der engagiertesten und bekanntesten Schulungszentren für OpenSource-Software im deutschsprachigen Raum – untergebracht in einem Luxushotel. Zwischen alten Eichendielen, geschnitzter Holzdecke und Kaminzimmer versammeln sich keine Weltraumkrieger oder fanatischen Hacker, sondern Arbeitsgruppen, Geschäfts- und Privatreisende, die es gepflegter mögen. Überraschend ist, dass der Betrieb in der 1840 erbauten Villa, die vormals dem Fabrikbesitzer Wilhelm Vogelsang gehörte und danach bis 1994 als Kloster fungierte, fast keinen Service bietet. Die all-inclusive-Seminare funktionieren mit Selbstbedienung. Und das mit bester Vollversorgung. Denn egal ob Getränke, Speisen, Musik, Bücher, Schwimmbad, Sauna, Fahrräder oder eben Computer, es steht immer alles bereit, wohlgemerkt zu allen Tages- und Nachtzeiten. Ein pfiffiger Deal, der höchstes Qualitätsniveau mit einer extrem günstigen Preisstruktur vereinbart. Dazu passt auch das Angebot, dass sich z. B. Firmenteams als Wohngemeinschaft einmieten können. Technisch gesehen mutet das Linux wie eine Art begehbarer PC an. Netzwerkanschluss (mit Anschlusskabel an ein mitgebrachtes Notebook), offene virtuelle Server zum Ausprobieren, 230V-Steckdosen überall, Beamer, WXGA-Großbild-Monitor mit 7,5 Meter VGA-Kabel, selbst Kleinigkeiten wie ein universelles Akkuladegerät

Elektrosmog wahrscheinlich – das High-Tech-Hotel für PC-Freaks

für Ihre mitgebrachten NiCd und NiMh-Akkus und diverse Kabel, Switches usw. im offenen Materiallager, kleine Bibliothek mit Fachbüchern und aktuellen Computerzeitschriften, offenes WLAN, DHCP, voll installierter Notebook-PC auf jedem Zimmer, natürlich mit freiem Internetzugang. Sympathisch ist, dass die Macher des Linux darauf achten, dass die Deckel des Laptops auch mal zugeklappt werden. Nach acht Zeitstunden Unterricht stehen analoge Freizeitangebote auf dem Programm (Musical, Theater, Konzert, GoCart, Tischtennis, Yoga u.v.m.), auch wenn sich manche nur den kurzen Gang durch den eingezäunten Privatpark gönnen. Aber schließlich treffen sich hier ja Computerfreaks.

Villa-Vogelsang
Antonienallee 1
45279 Essen-Horst
Tel. 0201/8536-600
Preise: ab 100 €/EZ oder 130 €/DZ
www.linuxhotel.de

UNIQUE HOTEL, DORTMUND

Zugegeben, das Entree des Unique Hotels ist reine Geschmackssache, dafür aber einzigartig im Revier und schlichtweg beeindruckend. Über 14.000 Quadratmeter dunkler türkischer Marmor verkleiden die Wände, während sich edler Granit als luxuriöser Bodenbelag verdingt. In diesem Milieu scheinen bordeauxroter Teppich und der riesige Kronleuchter als Blickfang schon fast obligatorisch. Im April 2009 eröffnete das Hotel in der ehemaligen Brau- und Brunnenzentrale in bester Innenstadtlage und erinnert mit seiner prunkvollen, beinahe dekadenten Optik an Grand Hotels vergangener Tage. In Zeiten, in denen sich Design- und Businesshotels mit reduziertem Schick großer Beliebtheit erfreuen, ein durchaus mutiger Gegenakzent. Hinter der opulenten Fassade verbergen sich 99 Zimmer und Suiten, die in ihrer Standardversion vergleichsweise zurückhaltend und gemütlich eingerichtet sind. In der Deluxe-Ausführung und in den Suiten kommen sie mit Art-Déco-Appeal daher. W-Lan, 24-Stunden-Roomservice und Flachbildschirm mit Bezahl-TV auf allen Zimmern weisen das Haus als gehobene Adresse aus. Dabei liegen die Preise ab 65 Euro pro Übernachtung im angenehm moderaten Bereich. Noch kein Bild vor Augen? Dann lohnt ein Besuch der Hotelbar in der Lobby. Zum einen, weil sich vom barrocken Polstermobiliar die ganze Pracht in Ruhe begutachten lässt, zum anderen, weil hier mit Christian Ceglarski ein verdienter Barmann gute Cocktails mixt.

Hoher Wall 38
44137 Dortmund
Tel. 0231/560 500
www.uniquehotel.de

APPELHANNES BIERGARTEN, ESSEN

Es sind nicht nur die Glühwürmchen im Sommer, für die sich ein Besuch im Appelhannes lohnt. Auch der grandiose Blick auf die Ruhr entschädigt die von schlechter Luft und Stress geplagten Großstädter. Wer hier im Biergarten den Feierabend genießt, vergisst jede Alltagshektik in der etwa hundert Jahre alten Kneipe.

Von April bis September ist der Biergarten für Gäste geöffnet, private Feiern finden aber das ganze Jahr im Appelhannes statt. Passend zum Namen der Gaststätte gibt es einige Gerichte. Legendär sind inzwischen die gefüllte Teigtasche „Appelhannestasche“ und die Vorspeise „Appelhannesteller“. Besucher erwarten außerdem regelmäßige Aktionen wie Konzerte, Kickertuniere und Public Viewing von Fußballspielen. Wenn man von weiter her anreist, sollte man sich vorher telefonisch erkundigen, ob geöffnet ist – bei mangelndem Zuspruch kann die Kneipe auch schon mal geschlossen sein.

Fünfkirchenblick 103
45136 Essen
Tel. 0201/5450664
Öffnungszeiten:
von April bis September
wochentags ab 17 Uhr,
am Wochenende ab 15 Uhr
www.appelhannes.com

Kanal mit Südseecharme – der Stadthafen Recklinghausen

BEACHCLUB AM RHEIN-HERNE-KANAL, STADTHAFEN RECKLINGHAUSEN

Die Sonne wärmt Dein Gesicht. Der Wind streichelt Deine Stirn. Du gräbst die nackten Zehen ein Stück tiefer in den weichen Sand. Nippst an Deinem Drink, schließt die Augen – und bist weit, weit weg ...

Ein leises Tuckern dringt in Dein Ohr. Angenehm rhythmisch, beruhigend. Es wird intensiver, kommt näher. Du schaust kurz auf und da ist wieder einer. Lang und schwer. Gleichmäßig und gemütlich. Zieht der Frachter vorbei. Und Du liegst da. In der Sonne. Und kannst sicher sein: So was gibt´s nur im Ruhrgebiet! Ein Strand am Ka-

nal. Palmen vor dem Hafenkran. Alles voller Urlaub zwischen Autobahn und Emscher. Industriekultur auf die feinsandige Art. Ohne dicke Subventionen. Irgendwie hingetupft.
Und leicht ist auch die Mischung. Familien und Freunde. Freizeitradler und Freaks. Alle genießen. Miteinander.
Ohne Eintritt. Ohne Stress. Keine Hektik. Keine Termine. So nah kommt man Werbespots nur selten.

Am Stadthafen 6
45663 Recklinghausen
Tel. 02361/3024793
Öffnungszeiten: bei gutem Wetter
tägl. ab 12 Uhr (April bis September)
www.lemonbeachclub.de

EVE BAR, BOCHUM

Cocktailfans finden im Ruhrgebiet zahlreiche gute Bars. Sei es, weil die Drinks erstklassig gemixt werden oder die Atmosphäre einfach stimmt. Das Dortmunder Domicil im Foyer eines alten Kinos mit seinem klassisch uniformierten Service (www.domicil-dortmund.de) oder das kleine Essener Daktari mit Afrika-Deko (www.daktari-cocktailbar.de) sind hier gute Tipps. Und es gibt die Eve-Bar, jene kleine Kellerlocation im Bochumer Schauspielhaus, die nicht vom großen Theater profitiert, sondern ihre ganz eigene Geschichte erzählen kann. Denn schon in den 60er Jahren, unter der Intendanz von Hans Schalla, gab es im Keller des Hauses eine Bar gleichen Namens. Prominenter Mann hinterm Tresen damals: Romy Schneiders Stiefvater. Nach wechselhaften Zeiten eröffnete 2001 die Location abermals unter dem Namen Eve-Bar neu und ist bis heute das vielleicht beste Gesamtpaket der Barszene. Zwischen Retro-Schick und einer Prise Trash führt Barfrau Lena van Dornick charmant Regie in ihrer gut bestückten Kommandozentrale. Dass sie mit ihren Tattoos (und auf Fotos gerne mit Zigarre) hier auch optisch perfekt ins Bild passt, ist reines Beiwerk. Denn die Drinks sind einfach klasse. Und der bunte Publikumsmix von Theaterleuten, Schauspielgästen und Szenevolk schafft eine einzigartige Atmosphäre. Regelmäßige Events wie der Swing Palast sind hier ebenso zu Hause wie Elektro- und Funkparties oder Lesungen.

Königsallee 15
44789 Bochum
Tel. 0234/33335445
Do-Sa ab 21 Uhr
www.evebar.de

FILMBAR IN DER LICHTBURG, ESSEN

Großes Kino – das bietet in der Lichtburg nicht nur das Programm, sondern auch das Haus selbst. 1928 wurde der damals wie heute größte Filmpalast der Republik (1.250 Plätze) eröffnet. Nach dem Wiederaufbau des im Krieg völlig zerstörten Gebäudes begann mit der Wiedereröffnung 1950 die Glanzzeit der Lichtburg als das deutsche Premierenkino – ein Lichtspielhaus, in dem die Stars sogar leibhaftig von der Leinwand stiegen. Gary Cooper trat im Mai 1953 zur deutschen Erstaufführung seines Films „High Noon" vor eine dahinschmelzende „Frauenflut" (WAZ), regionsgerecht mit einer Grubenlampe beschenkt, während draußen auf der Kettwiger Straße Bruce Low auf einem Schimmel die deutsche Fassung des Titellieds trällerte.

Mit der deutschen Nachkriegswirtschaft florierte auch der Traumpalast: Portiers in Livree, Garderobieren, Platzanweiserinnen – alle in handgeschneiderten Uniformen – leisteten

Premierenort legendärer Leinwandhelden – die Filmbar in der Lichtburg

in den 50er Jahren bei zum Teil drei ausverkauften Filmen pro Tag ganze Arbeit.
Auch Zarah Leander, Hildegard Knef oder Romy Schneider reisten an diesen großartigen Ort der Illusionen, dessen glamouröser Mittelpunkt die so genannte Filmbar war, die damals noch schlicht „Teeraum“ hieß. Weiße Wände mit dezent bemalten italienischen Stadtlandschaften, Mosaik-Parkett und ausladende Original-Sessel bildeten den stilvollen Rahmen für einen besonderen Promi-Treff, der schon deshalb legendär wurde, weil die Öffentlichkeit konsequent draußen bleiben musste. Auch heutige Stars wie Pierce Brosnan, Wim Wenders oder Götz George wissen das zu schätzen. Wie hier gefeiert, gelebt und geliebt wurde, blieb weitestgehend unbekannt. Ehemalige Bedienstete erinnern sich höchstens daran, dass Hans Albers ein notorischer Milchtrinker war, Klaus Kinski dagegen den ganzen Abend nur Underberg trank, dass Theo Lingen als eher freudloser Zeitgenosse galt und Buster Keaton tatsächlich mal gelächelt haben soll. Wer heute in der detailgetreu renovierten Filmbar sitzt, darf also von vergangenen Zeiten träumen, sich aktuellen Leinwandhelden nahe fühlen – und wird letztlich zum Regisseur eigener Filme, zum ganz persönlichen Illusionisten. Auch wenn dabei nicht immer „Großes Kino“ herauskommen mag.

Kettwiger Straße 36
45127 Essen
Tel. 0201/231023
jeden 1., 2. und 3. Do im Monat:
Joe-Jazz Session mit
wechselnden Musikern
www.lichtburg-essen.de

Der blonde Mooshammer aus Essen

RENÉ PASCALS DREHSCHEIBE, ESSEN

Das markante Eingangsschild fällt selbst im Essener Kneipenviertel Rüttenscheid ins Auge: Von einer schwarzen Schallplatte lächelt verführerisch das Konterfei des blonden Barden, der gleichzeitig Besitzer der „Drehscheibe" ist: René Pascal himself. Was dieses Gesicht verspricht, das hält das Innere – ein Traum in Tüll, ein Wunder in Weich: Die Fenster sind mit blauem Plüsch überzogen, die Decke glitzert und glänzt. Der Schlagergott steht selig hinter dem Tresen, zapft fleißig Pils und verteilt Korn. Aus den Boxen dröhnt Discofox für schwerhörige Schwiegermütter. Und wenn Sie meinen, das sei nicht zu toppen, dann sollten Sie mal sonntags nach 18 Uhr kommen. Dann ist Single-Treff in der „Drehscheibe".

René Pascal wurde am 20. April 1951 im niedersächsischen Lüchow geboren. Als der gelernte Frisör begann, in Diskotheken Schallplatten aufzulegen, entdeckte er seine Liebe zum Schlager – der Rest ist Legende: Mit „Jambalaya" und „Lady Blue" wurde er selbst zum Schlager-Star. Legendär ist auch ein Satz aus seinem Wikipedia-Eintrag, der in zahlreiche Konzert-Ankündigungen übernommen wurde: Im Jahre 1990 sang er mit „Ich schenke Dir ein rotes Telefon" ein Lied „zum 500-jährigen Bestehen der Deutschen Bundespost". Gründungsjahr der Deutschen Post demnach: 1490! Da sagen wir nachträglich: Herzlichen Glückwunsch!
Einen Grund zum Feiern braucht man in der „Drehscheibe" indes nicht – die Stimmung steigt ohnehin bis knapp unter den Siedepunkt. Mit ein paar Runden Kurze für die Tresengäste ist der Meister dann schnell zu überzeugen: Er schnappt sich sein Mikrofon und trällert einen seiner Hits.
„Darf ich mich vorstellen, mein Name ist Pascal.
Sie sind mir aufgefallen in jedem Fall.
Ich bin immer so glücklich, wenn ich Sie wiederseh'.
Ach, wissen Sie was: Sagen Sie einfach René."

Alfredstraße 21
45130 Essen
Tel. 0201/791438
www.rene-pascal.com

SONNE, HERNE

Irgendwie ist die Kneipe aus den 1970er Jahren übrig geblieben, als alles noch politisch war: Das Politische per se, die Kultur allemal, das Private sowieso und natürlich auch das Saufen. Dabei ist es höchst erstaunlich, dass es diese „Biergaststätte" noch gibt. Weit entfernt von den uniformen Ambienteschuppen, die an Autobahnabfahrten entstehen, ist die „Sonne", untergebracht in einer alten Bergarbeiterkneipe gegenüber dem früheren Ausgangstor der Zeche Shamrock, beinah ein Relikt. Man findet die grummelnden Thekenhänger auf ihren Barhockern, dunkle und schmuddelige Ecken, die Kartenzocker, Kicker & Dart und die legendäre Sammlung mit den unbezahlten Deckeln. Dabei ist das Publikum über die Jahre hinweg jung geblieben. Jenseits der den Alten vorbehaltenen Theke sind es vorwiegend die 16- bis 23-Jährigen, die hier ihre ersten offiziellen Trinkversuche machen und erst später die U-Bahn nach Bochum oder die Mulde im eigenen Sessel finden. Als Veranstaltungsort ist die „Kulturgaststätte" in der Irish-Folk-Szene und für Bands aus der Region längst zu einer festen Größe geworden. Dabei ist die Nähe zwischen Combo und Publikum gerade bei vollem Haus im wahrsten Sinne des Wortes atemberaubend. Empfehlenswert: Jeden zweiten Sonntag eine offene (und kostenlose) Irish-Folk-Session und das montags stattfindende „Essen und Trinken für kleines Geld".

Shamrockstraße 121
44623 Herne
Tel. 02323/52673
Öffnungszeiten:
Do–Mo ab 20 Uhr
www.sonne-herne.de

Alternativkulter mit Irish Flair:
„Hotte" Jebram & die Sonne

SUBROSA, DORTMUND

Die Attitüde ist Rock'n Roll – oder zumindest „unkonventionell". Das subrosa mit seinen Plüschsofas, den Kickern und der schrulligen Einrichtung aus Fußball- und Musik-Memorabilia und religiösem Kitsch ist seit 17 Jahren eine Institution weit über den Dortmunder Norden hinaus. Der Stilbruch ist dabei Glaubensbekenntnis. „We are no entertainers", hat sich der Chef des Hauses in Verweigerung der massenkompatiblen Eventhysterie auf die Flaggen geschrieben und bucht regelmäßig urbane Basiskultur und Independent Acts für die kleine Bühne. Poetry Slam ist auf diesen Brettern, gleich rechts neben dem Eingang zu den Toiletten, bereits seit 13 Jahren eine Konstante, Gitarrengeschrammel live gibt es wöchentlich und zum „Lonely Hearts Club", dem Heulsusen-Abend mit traurigen Liedern für eine traurige Stadt, dürfen Gäste sogar ihre Lieblings-Jammer-Platten in die „Tränen-Bar No.1" mitbringen. Beim monatlichen „DoppelkoppZock" streiten sich die grau melierten Zocker über Contra und Re und am Samstagnachmittag versammeln sich überwiegend schwarz-gelbe Gläubige zur Bundesligashow via TV. Gemäß dem Motto „Futtern wie bei Muttern" liefert die Küche dazu

Derby gucken im Dortmunder subrosa

deftige Hausmannskost für schmales Geld. Vertrauen kann man auch dem gut gezapften Bier und dem scheinbar stressresistenten Personal. Das Publikum ist mit der Kneipe in Würde gealtert, und so ist für viele das subrosa längst zu einem zweiten Wohnzimmer geworden.

Gneisenaustraße 56
44147 Dortmund
Tel. 0231/691758
Öffnungszeiten:
Mo-Sa ab 18 Uhr,
Sa auch zu Bundesliga-Zeiten
www.hafenschaenke.de

VEREINSLOKAL DES FC SCHALKE 04, GELSENKIRCHEN

Pils und Pille, Korn und Kopfball, Kultur und Kneipe. Begriffe, die im Ruhrgebiet einfach zusammen gehören. Lokale spielen neben dem Stadion die wohl bedeutendste Rolle im hiesigen Vereinsleben. Der Ort an dem man sich trifft – Spieler, Freunde, Nachbarn.
Das Vereinslokal an der Kurti (Kurt-Schumacher-Straße), der Hauptschlagader Gelsenkirchens, gilt unter Fußballfreunden und Schalkefans als eines von wenigen erhaltenen Relikten einer glanzvollen Vergangenheit. Im Schatten der Glückauf-Kampfbahn, des glorreichen ersten Schalker Stadions, wurden stehend Siege gefeiert und Niederlagen heftig diskutiert. Zwar sind die Flutlichter längst erloschen (heute Spielplatz des Bezirksligisten DJK Teutonia Schalke Nord), doch lebt der Vereinskult nicht nur an Spieltagen weiter. An sechs von sieben Wochentagen wird hinter der Theke gezapft und davor gezwitschert. Das Ehepaar Marcinkowski macht dabei den Unterschied aus. Mit Schalker Schnute und einer typisch direkten Umgangsart darf hier nach Herzenslust über Fußball und andere Themen des Tages geplaudert werden. Am Wochenende und bestenfalls an Heimspieltagen des FCs heißt es dann allerdings bereits um zehn in der Früh: Blau und Weiß, wie lieb ich Dich/Blau und Weiß, verlass mich nicht/Blau und Weiß ist ja der Himmel nur/Blau und Weiß ist unsere Fußballgarnitur ...

Kurt Schumacher-Straße 143
45881 Gelsenkirchen
Tel. 0209/1550067
Öffnungszeiten: Di-Fr 14-24 Uhr,
Sa-So 10-24 Uhr

BERGARBEITER-WOHNMUSEUM, LÜNEN

Strukturwandel, Leuchttürme, Ankerpunkte – das postmoderne Ruhrgebiet gibt sich heute gerne als imposante Eventstätte, die jenseits des alten Montanmiefs vor illuminierten Kulissen der Kunst und Kultur frönt. Da wird das „Glückauf" lauthals zum inhaltsleeren Mythos beschworen – während kaum noch jemand mit dem Begriff „Arschleder" etwas anfangen kann. Die Geschichte des Ruhrgebiets aber ist die Geschichte des Bergbaus, mithin die der „kleinen Leute". Und die wird prächtig erzählt im Bergarbeiter-Wohnmuseum.

Denn dort ist die Zeitmaschine in den 30er Jahren stehen geblieben. Ein halbes Haus in der Rudolfstraße 10 im Lünener Ortsteil Brambauer – dort, wo früher einmal die Zeche Minister Achenbach förderte – zeigt authentisch, wie die Bergleute mit ihren Familien in der damaligen Zeit lebten. Da liegen die Leitungen über Putz und die Wände sind geweißt. Originale Möbel und andere Einrichtungsgegenstände sind ebenfalls stilgerecht – bis hin zu Kaninchenstall und Plumpsklo.

Rudolfstraße 10
44536 Lünen
Tel. 0231/876502
Öffnungszeiten:
So/Di 15–17 Uhr, Do 17–19 Uhr
Bewirtung nach Absprache
www.luenen.de/kultur/museen

BUNKERMUSEUM, OBERHAUSEN

Selten gibt es Museen, wo das Gebäude selbst das „Exponat" ist. Der 1941 gebaute, 2001 als Bürgerzentrum „Alte Heid" wieder eröffnete Hochbunker im Alt-Oberhausener Knappenviertel ist zweifellos ein beeindruckender Ausstellungsort, der im dritten Untergeschoss eine Menge von sich selbst erzählt. Früher gab es hier eine dokumentarische Ausstellung zur Geschichte des Bunkers, Wechselausstellungen zu historischen Themen oder künstlerische Installationen.

Doch seit März 2009 präsentiert das Museum das Programm „Bunker pur", das eigentlich gar keines ist – denn bis auf die nötigsten Informationen zur Geschichte des Luftschutzraumes gleich im Eingangsbereich bleibt der Besucher mit sich und den Räumen allein. Erlebbar ist so das nackte Bunkergefühl, das dem Publikum gestattet, sich auch auf die räumlichen Details zu konzentrieren.

Wer die große Einsamkeit inmitten von Betonmauern, alten Leitungen und Stromkästen nicht mag, dem seien die Führungen durch den Bunker empfohlen. Für Kinder und Jugendliche werden Workshops angeboten, die in Kooperation mit der Gedenkhalle Oberhausen entwickelt wurden. Themen wie „Schutzraum" oder „Luftkrieg in Oberhausen" versprechen hier mehr als nur eine trockene Geschichtslektion.

Alte Heid 13
46047 Oberhausen
Tel. 0208/6070531-0
Öffnungszeiten:
Mi/So 15–19 Uhr
Führungen nach Vereinbarung
www.bunkermuseum-oberhausen.de

Lebendige Bergbaugeschichte im Kleinen Museum

DAS KLEINE MUSEUM – SIEDLUNG SCHÜNGELBERG, GELSENKIRCHEN

Dass man in Gelsenkirchen jemandem erklären muss, was eine Halde ist – das gibt's auch noch nicht lange. Nicht, dass die Gelsenkirchener das plötzlich vergessen hätten – wie könnten sie! Im Jahr 2000 fuhr erst die letzte Schicht auf Bergwerk Hugo ein. Aber auch wenn es nicht gelungen ist, Hugo als Besucherwerk zu erhalten, so gibt es doch eine ganze Reihe von Menschen, die die Erinnerungen an die 125-jährige Bergbautradition auf unterschiedliche Art bewahren.

Da gibt es das „Kleine Museum", in dem diverse Andenken versammelt sind: Fotos, Werkzeuge, Lampen, Bücher, ein versteinerter Baumstamm, Möbel aus dem alten Betriebsführerzimmer. Zu jedem der Ausstellungsstücke hat Museumschef und Ex-Bergmann Klaus Herzmanatus mitsamt Team eine Geschichte zu erzählen. So liegt das Kleine Museum in der Siedlung Schüngelberg, die unter Denkmalschutz steht. Ab 1897 wurde sie nach und nach gebaut, man kann hier also die unterschiedlichsten Arten und Konzepte von Arbeitersiedlungen sehen.

Durch die Siedlung führt die Straße „Zum Rungenberg". Sie endet am Fuß der Rungenberghalde – wo der Aufstieg zu dem markanten Doppelgipfel mit den beiden Scheinwerfern beginnt. Die Leute vom Kleinen Museum bieten geführte Wanderungen an. Mit Bergmannsschnaps auf dem Gipfel, mit einer Prise, mit Geschichten. Und wer von auswärts kommt – das gibt's in letzter Zeit immer öfter – dem erklärt man auch, was das eigentlich ist; eine Halde.

Eschweiler Straße 11 und 47
45897 Gelsenkirchen
Tel. 0209/594659
Öffnungszeiten: Di 10–18 Uhr
www.zeche-hugo.com

DAS KLEINSTE SKI-MUSEUM DER WELT, KAMP-LINTFORT

Skisport und Ruhrgebiet passen scheinbar ebenso gut zueinander wie Blauweiß und Schwarzgelb. Und dennoch gibt es so manchen mitgliederstarken Skiklub in dieser Region. Einer davon ist der Skiklub Kamp-Lintfort 1952 e. V.. Die große Besonderheit an diesem Klub ist aber an sich eine relativ kleine Sache. Auf dem Klubgelände befindet sich im Keller des Terhardtshofes das kleinste Ski-Museum der Welt. Sage und schreibe 14 Paar Skier sind hier im sechs Quadratmeter großen Ausstellungsraum zu besichtigen. Die alpinen Exponate stammen aus der Zeit von 1936 bis heute und wurden alle von Ute und Bernhard Noock gesammelt. Als der Skiklub sein 50-Jähriges Jubiläum feierte, stifteten die beiden passionierten Skifahrer die angehäuften mehr oder weniger schnellen Bretter ihrem Verein. Es entstand die Idee dieses Minimuseum ins Leben zu rufen und fortan können alle Skihaserln und Skifreunde auch außerhalb der Alpen geschichtsträchtige Sportgeräte begutachten. Allerdings sollten nicht gerade mehr als zwei Personen gleichzeitig das Museum betreten, es sei denn man verzichtet komplett auf jegliche Bewegungsfreiheit. Einen Antrag auf den Eintrag in das Guiness-Buch der Rekorde hat Bernhard Noock übrigens schon gestellt. Sollte dieser Traum Wirklichkeit werden, wäre das, um in der Sprache der Alpinisten zu bleiben, der Gipfel. Der Eintrag in den Kultverführer Ruhr ist Ehrensache.

Im „Terhardtshof"
Vinnstraße 42
Tel. 02842/96678
47475 Kamp-Lintfort
Öffnungszeiten:
Mi 16-19 Uhr

GIRAFFENMUSEUM, DORTMUND

Es begab sich im Jahre 1976, als Heinz-Jürgen Preuß während einer Tour mit dem KLM (Klub langer Menschen) beim nächtlichen Bade im Hotelpool eine 15cm große Plastikgiraffe auf sich zuschwimmen sah. Sofort war es um den Zwei-Meter-Mann geschehen: Die kleine Giraffe (Giraffa camelopardalis) wurde zum Maskottchen und ständigen Begleiter des KLM und bildete den Grundstein einer einzigartigen Sammlung. Zunächst trugen mehrere Aktionen und Spenden des KLM maßgeblich zum Bau des Giraffengeheges des Dortmunder Zoos bei. Und dann entwickelte sich die Sammelleidenschaft von Klubchef Preuß. Bis 1991 hatte er bereits über 1.000 Sammlerstücke aus dem Reich der Langhälse beisammen, diese präsentierte er der Öffentlichkeit in den extra umgebauten privaten Räumlichkeiten. Das Giraffenmuseum war geboren. Wanderausstellungen lockten Interessenten, Kontakte wurden geknüpft, Giraffen in jeglichen Formen kamen aus verschiedenen Ländern hinzu. Mittlerweile sind hier über 20.000 Exponate aus der ganzen Welt zu bestaunen – Kostbares und Kurioses, Köstliches und Kitschiges: Ausstechformen, Bier, Gardinen, Schachfiguren, Zapfanlagen, Hustensaft, Bademoden oder gar Dessous. Giraffen aus Plüsch, Porzellan, Käse, Schokolade, Kupfer, Stein oder Glas. Allen Freunden dieser gefleckten, langhalsigen Paarhufer (und all denen, die es noch werden wollen) raten wir zu einem langen Besuch des Giraffenmuseums.

Wickeder Hellweg 25
44319 Dortmund-Wickede
Tel. 0231/2864577, Besichtigung nur nach vorheriger Terminabsprache
www.giraffen-museum.de

KARL AM KANAL, GELSENKIRCHEN

Motorrad-Museum Rebuschat? Aber klar: „Karl am Kanal“! Unter diesem Namen ist der motorradverrückte Rentner weit über Gelsenkirchen-Horst hinaus bekannt. Und man weiß auch gleich, wo man ihn findet: Zwischen Kanal und Emscher betreibt der pensionierte Bergmann sein eigenwilliges Motorradmuseum.

Wobei man kaum von „betreiben“ reden kann, denn das setzt ein zielgerichtetes, organisiertes Tun voraus. Auch das „Museum“ sollte man mit anderen Maßstäben messen, denn Karl Rebuschat hat am Rhein-Herne-Kanal eine Wohnung nebst Garage und Anbauten mit allen möglichen Sachen vollgestopft, die irgend etwas mit Motorrädern und Motorradfahren zu tun haben. Das unterhaltsame Chaos lockt sogar Gäste aus dem benachbarten Ausland an. Schließlich hat Karl Rebuschat wirklich Ahnung und nicht selten auch ein passendes Ersatzteil. Dafür gibt es jeden zweiten Sonntag im Monat rund ums Haus einen großen Teilemarkt, wo auch andere Anbieter begehrtes Zubehör feilbieten. Und manchmal bringen die Besucher Isettas und Messerschmidts mit, Adler, Horex und DKWs – alles, was gestandenen Vätern und Großvätern ganz warm ums Herz werden lässt.

Wann immer Öffnungszeiten für Rebuschats Museum genannt werden, sollten Sie diesen mit Vorsicht begegnen. Da Karl keinen Eintritt nimmt (weil er keine Lust auf das Finanzamt hat), sieht er sich niemandem gegenüber in der Pflicht. Wenn offen ist, ist offen. Wenn nicht, macht Karl vielleicht gerade ein Nickerchen.

Motorrad-Museum Rebuschat
Wallstraße 52
45899 Gelsenkirchen-Horst
Tel. 0209/56014

Karl am Kanal: rastloser Rentner in seinem privaten Motorradmuseum

KINOORGEL-MUSEUM, HAMM

Ein Hauch von „Moderne Zeiten" schwebt in dem wohnzimmerähnlichen Museum. Hans Volmerg ist der stolze Besitzer von rund 20, meist analogen, Kino- bzw. Theaterorgeln, von den späten sechziger Jahren bis 1995. Sachkundige kennen die Marken Allen, Rodgers, Baldwin, Gulbransen, Wurlitzer, Lovrey und selbst die Laien wissen spätestens seit dem Hummelflug mit Franz Lambert an der Orgel, was eine Hammondorgel ist. Die Sammlung in Hamm ist die größte Privatsammlung von Theaterorgeln in Nordrhein-Westfalen.

Besuchern steht Hans Volmerg gerne Rede und Antwort und lässt auch die ein oder andere Orgel erklingen. Dann fühlt man sich in alte Stummfilmzeiten zurück versetzt, wo zu Western-Filmen das Hufgeklapper und die Orchestermusik noch von der Pfeifenorgel kam.

Der Hammer Sammler wurde von Gerhard Gregor inspiriert, der deutschen Orgellegende. Gebannt verfolgte er dessen Radiosendungen an der „Funkorgel" nach dem Zweiten Weltkrieg. Doch Volmerg musste sich noch bis Mitte der 60er Jahre gedulden. Als dann bezahlbare Nachbauten der Pfeifenorgel auf den Markt kamen, legte er den Grundstein für das kleine Museum in Form einer kleinen Wurlitzer. Sein ganzer Stolz ist heute eine Allen-Kinoorgel von 1983, die nur einmal für stattliche 105.000 DM nach Europa verkauft wurde. Es bleibt ein Geheimnis, wie viel er 1997 in zweiter Hand dafür bezahlte. Aber für Hans Volmerg sind die Kinoorgeln in seinem kleinen Museum sowieso unbezahlbar.

ABC-Orgel-Studio
Harringholzstraße 20
59077 Hamm
Tel. 02381/400974
(Terminvereinbarung)

Giraffe zum Mitreisen gesucht!

PRIVATES BRAUEREIMUSEUM, MÜLHEIM AN DER RUHR

Bier her, Bier her oder ich fall um. Oder zumindest alles, was auch nur im Entferntesten mit Bier zu tun hat. Nach diesem Motto verfährt der ehemalige Bergmann Heinz Bednarski und sammelt seit über 15 Jahren alles, was das Brauereiwesen hergibt. Seine private Sammlung ist sicherlich eine der größten ihrer Art. Weit über 4.000 Exponate lassen sich im Keller des Bierexperten bewundern: Flaschen, Krüge, Gläser, Bierdeckel, Schilder und alle möglichen sonstigen Werbeträger. Aber auch Bücher oder Zeitungsausschnitte dokumentieren die Geschichte des Gerstensafts eindrucksvoll in Bednarskis Privatmuseum. Fast alle 200 Brauereien, die einst am Niederrhein vertreten waren, finden sich in irgendeiner Form in diesem Gewölbe wieder. Zu den noch existierenden Bierproduzenten gehört die Brauerei Diebels. Die Privatbrauerei lieh sich sogar für den Dreh ihres Jubiläums-Werbespots jede Menge Ausstellungsstücke von Heinz Bednarski. Der bekam dafür eine Statistenrolle in dem Fernsehspot, der übrigens auch in seinem Museum zu sehen ist. Zugegebenermaßen macht die Besichtigung der zahlreichen Brauereiartikel schon gehörigen Durst, doch auf ein frisches Pils oder Altbier hofft man hier vergebens. Denn Museumsdirektor Bednarski zieht einen Kaffee dem Bier vor. Nun ja, wir empfehlen vorsichtshalber allen Bierliebhabern nach dem Besuch in die nächste Kneipe einzukehren – nicht das doch noch jemand umfällt.

Heinz Bednarski
Alfredstraße 62a
Tel. 02842/30604

SCHAUSTELLERMUSEUM, ESSEN

„Junger Mann zum Mitreisen gesucht." Keine Kontaktanzeige, sondern ein Schild, angebracht vor einem Schwein. Kein richtiges Schwein, sondern eins aus Holz. Zum Draufsetzen. Daneben steht Erich Knocke, mittlerweile über 80 Jahre alt und Leiter einer einzigartigen Sammlung von Markt- und Schaustellergeräten. „Diese ganzen Karusselltiere, die waren alle kaputt. Beine, Ohren, Köppe, das ist alles restauriert worden." Knocke stammt aus einer Schaustellerfamilie, der Vater war Hypnotiseur. „Hat keinem was gebracht. Sind alle nicht reich gestorben." Er selbst war mit Schaukeln und Karussellen unterwegs. Von seinen Reisen brachte er viele Exponate selbst mit. Holztiere drängen sich in der Maschinenhalle, der Geruch von Öl liegt in der Luft. Zwischen Bildern von Jahrmärkten aus den 30er Jahren, zwischen Glücksrädern, Kinoprojektoren und einem mit Benzin betriebenen Gokart von 1936 stehen immer wieder Orgeln. Drehorgeln, Jahrmarktorgeln, Tanzorgeln, zum Teil aus dem 19. Jahrhundert, liebevoll verziert und bemalt. Mittendrin thront eine drei mal drei Meter große Tanzorgel im Bauhausstil.

Das Museum hat keine Öffnungszeiten, doch man kann sich anmelden und wird dann durch die Sammlung geführt. Immer nur in kleinen Gruppen, denn die 1.500 Quadratmeter große Halle ist mittlerweile fast schon wieder zu eng. Für neue Exponate findet sich dennoch immer ein Plätzchen, sagt Knocke: „Wenn die Breite nicht mehr geht, müssen wir halt in die Höhe."

Herr Knocke
Hachestraße 68, 45127 Essen
Tel. 0172/2678969
www.schaustellermuseum.de

SOUL OF AFRICA MUSEUM, ESSEN

Man nehme: Etwas Wachs, Haare, Fingernägel oder Zähne des zu verfluchenden Opfers, Räucherstäbchen und Nadeln. Man fertige eine Puppe aus dem Wachs, füge Haare, Fingernägel oder Zähne hinzu und beschmiere die Puppe mit Blut. Dann zünde man Räucherstäbchen und Kerzen an, stecke Nadeln in die Puppe und sage das Vaterunser rückwärts auf.

So oder ähnlich stellt sich der Laie eine Voodoo-Beschwörung vor. Nach Henning Christoph ist dies jedoch nur fauler Zauber á la Hollywood. Was sich genau hinter der Welt des Voodoo verbirgt, weiß kaum jemand, der sich nicht wie Christoph so intensiv mit der afrikanischen Kultur auseinandergesetzt hat. Um diesbezüglich für Aufklärung zu sorgen, eröffnete der Ethnologe 2001 in Essen „Soul of Africa", das einzige Voodoo-Museum Europas. Während man sich vor ein paar Sekunden noch auf dem vertrauten Terrain der Rüttenscheider Straße befunden hat, taucht man nach dem Betreten der ehemaligen Zahnarztpraxis in eine andere, fremde und faszinierende Welt ein. Man sieht, staunt und erfährt, dass Voodoo alles andere als schwarze Magie ist. Vorbei an Bildern, Skulpturen und Tempelnachbildungen, die Christoph aus Afrika mitgebracht hat, landet man im Kern der Ausstellung beim Altar von Mami Wata, der Göttin des Wassers. Diesen in Afrika geschnitzten und geweihten Altar besuchen sogar in Essen lebende Afrikaner, um die Göttin um Glück und Reichtümer zu bitten.

Der Besuch des „Soul of Africa" beseelt die Besucher, zumindest zeitweise, mit Magie, Religion und Heilung, eben mit den Dingen, die Voodoo ausmachen. Befreit von Vorurteilen und aufgewühlt durch viele neue, teilweise atemberaubende Eindrücke, kann es zurückgehen in die eigene Welt.

Rüttenscheider Straße 36
45128 Essen
Tel. 0201/787 640
Öffnungszeiten: Do/Sa/So 14–18 Uhr, Fr 18–22 Uhr
Führungen nach Absprache
www.soul-of-africa.com

Faszinierende Welt der afrikanischen Voodoo-Magie

Garantiert kein Blutsauger: Mini-Fledermaus im Schloss Beck

FLEDERMAUSFÜHRUNGEN SCHLOSS BECK, BOTTROP-KIRCHHELLEN

Wenn der Freizeitpark Schloss Beck nach 18 Uhr seine Tore schließt; wenn die Achterbahn die letzte Runde gedreht hat und die Tretboote müde am Anleger dümpeln; wenn der letzte Lacher verstummt ist und die Dämmerung hereinbricht, dann beginnt in Bottrop-Kirchhellen die Zeit der Fledermäuse. Für die „Kobolde der Nacht", wie Michael Korn von der Arbeitsgemeinschaft „Fledermausschutz" die Säugetiere auch nennt. Der „Große Abendsegler" etwa mag zwar das Wort „Groß" im Namen tragen, dennoch kommt er gerade mal auf knapp acht Zentimeter Körperlänge. Und die Zwergfledermaus schafft es gar nur auf die Größe „eines normalen Männerdaumens." Wer hier zu abendlicher Stunde etwas sehen will, braucht eine gute Taschenlampe und muss schon genau hinschauen. Wer gar etwas hören will von Zwerg-, Wasser-, Breitflügel- oder Rauhautfledermaus, der bedarf schon eines „Bat-Detectors", um die Ultraschalllaute der Winzlige auch für die vergleichsweise riesigen menschlichen Ohren hörbar zu machen.

Korn hat all das im Gepäck. Dazu jede Menge Fotos, Geschichten und Wissen rund um die Fledertiere, deren 20 in NRW beheimatete Arten sämtlich als gefährdet gelten. Verständnis wecken für Batmans kleine Geschwister will Korn. Aufräumen mit den Vorurteilen von blutsaugenden Vampiren. Und deshalb erhält jeder Teilnehmer zu Beginn seine eigene Fledermaus. Ebenso harmlos wie das Original – aus Weingummi.

Führungen Schloss Beck
mit Michael Korn
Tel. 02043/64743
www.fledermausschutz-kreisrecklinghausen.de
Weitere Fledermausführungen:
Wasserschloss Wittringen (Gelsenkirchen)
Nordpark (Gladbeck)
Jährlich zudem „Batnight"
(letztes August-WE,
Infos unter www.nabu.de)

KRAYER STIRNLAMPENLAUF, ESSEN

Aus der Werbung eines schwedischen Selbst-Zusammenschraub-Möbelhändlers wissen wir von der guten alten Tradition, an „Midsomma" einen über den Durst zu trinken. Zu Unrecht weniger bekannt ist eine Tradition aus Essen: Im Stadtteil Kray hat man nicht mitten im Sommer, sondern erst zum Ende der Sommerzeit die Lampe an. Und zwar die Stirnlampe.

Der Stirnlampenlauf findet alljährlich im Oktober statt und zwar immer an dem Wochenende, an dem die Uhren eine Stunde zurück gestellt werden. Start und Ziel liegen an der Zeche Bonifacius, es geht über siebeneinhalb Kilometer durch den Landschaftspark Mechtenberg und über den Grund und Boden von drei Städten: Essen, Bochum und Gelsenkirchen. Besonders nett ist der Streckenabschnitt, der durch die „Kleine Schweiz" führt. Die Anwohner dort schmücken ihre Häuser und nehmen die Läufer und Walker mit einem Siedlungsfest in Empfang.

Das Startfeld ist streng limitiert: Mehr als 1.200 Läufer dürfen nicht teilnehmen. Stirnlampen (oder andere kreative Beleuchtungsideen) sind Voraussetzung, denn beim Stirnlampenlauf geht es nicht um sportliche Höchstleistungen. Zeiten werden gar nicht erst genommen: Einen Preis gibt es nicht für den schnellsten Läufer, sondern für den, der die schönste Lampe an hat. Es muss sich also niemand beeilen. Bei der anschließenden Preisverleihung im Rahmen der „After Run Party" in der Umformerhalle der Zeche Bonifacius heißt es deshalb: Läufst Du noch oder trinkst Du schon?

Zeche Bonifacius, Rotthauser Straße 40
45309 Essen, Tel. 0201/5579451
www.zeche-bonifacius.de
www.essener-stirnlampenlauf.de

NACHTWANDERUNGEN AUF ALTEN INDUSTRIEANLAGEN

Vergessen Sie alles, was Sie mit dem Begriff „Hütten-Wanderung" verbinden. Mit Bergromantik und saftig-grünen Almen hat ein solches Unterfangen im Ruhrgebiet rein gar nichts zu tun. Romantisch hingegen kann eine Tour durch eine stillgelegte Stahlhütte durchaus sein – wenn sie in den Abendstunden stattfindet, und Fackellicht den Weg weist, wo früher Funken sprühten. Nachtwanderungen werden auf zahlreichen Industriedenkmälern im Revier angeboten.

Nach Sonnenuntergang wirken die stillgelegten Anlagen mit ihren stählernen Träger-Konstruktionen, den Hochöfen und Schloten noch gewaltiger und geheimnisvoller. Einige von Ihnen – etwa das alte Hüttenwerk im Landschaftspark Duisburg Nord – verwandeln sich nachts durch Licht-Installationen in illuminierte Kunstwerke. Im Landschaftspark erkunden die Teilnehmer im Schein der Fackeln gemeinsam mit einem Hüttenwerker Gießhalle und Bunkertaschen, um schließlich von der Aussichtsplattform des Hochhofens 5 einen Blick über das nächtliche Lichtermeer des Ruhrgebiets zu werfen.

Zeche Zollern in Dortmund ist schon bei Tageslicht ein Schmuckstück, nicht umsonst trägt die Anlage mit ihren prächtigen Backsteinfassaden, Ecktürmchen und zinnengeschmückten Giebeln den Beinamen „Schloss der Arbeit". Dass man sich die Tagesanlagen der Zeche auch nachts besichtigen kann ist kein Widerspruch – mit „Tagesanlagen" werden die oberirdischen Teile einer Zeche bezeichnet. Zweimal im Monat kommen Nachtschwärmer auf ihre Kosten, und wenn sie sich schon nicht satt sehen können, dann doch wenigstens satt essen: Im Anschluss an die geführte Tour wird ein rustikales Abendessen gereicht.
„Faszination Licht" heißt es auf der Kokerei Zollverein in Essen. Auf Nachtwanderungen kann die Illumination der beiden Londoner Lichtdesigner Jonathan Speirs und Mark Major bewundert werden, die die Anlage in rotes und blaues Licht taucht. Und wer zur „Spätschicht" jeweils freitags ab 19 Uhr auf die Henrichshütte in Hattingen antritt, kommt nicht zum Malochen, sondern zum Wandern. Mit der Fackel in der Hand geht es über die riesige Anlage mit dem ältesten noch erhaltenen Hochofen des Ruhrgebiets. Dazu gibt es ein kulturelles Rahmenprogramm mit Musikvorführungen, Comedy, Zauberei oder Lesungen.

Landschaftspark Duisburg-Nord
Emscherstraße 71, 47137 Duisburg
Tel. 0203/4291942
Führungen: Fr, Sa und an Feiertagen, Beginn je nach Jahreszeit zwischen 18 und 20.45 Uhr
www.tour-de-ruhr.de

Zeche Zollern, Grubenweg 5
44388 Dortmund, Tel. 0231/6961111
Führungen: jeden 2. und 4. Sa im Monat, Beginn je nach Jahreszeit zwischen 19 und 21 Uhr
www.lwl-industriemuseum.de

Kokerei Zollverein, Ahrendahls Wiese
45141 Essen-Stoppenberg
Tel. 0231/93112233
www.industriedenkmal-stiftung.de
Führungen: jeden Fr je nach Jahreszeit um 20 Uhr bzw. 21 Uhr

Henrichshütte Hattingen
Werksstraße 31-33, 45527 Hattingen
Tel. 02324/9247140
Führungen: jeden Fr um 19 Uhr
www.lwl-industriemuseum.de

Spätschicht auf der Henrichshütte Hattingen

BRATWURSTHÄUSCHEN, BOCHUM

Am Tor zum legendären Bermuda-Dreieck steht ein Häuschen, das mit Holz vertäfelt und von einem gar lieblichen Duft aus würzig-fruchtiger Currysauce und frischem Bratfett umgeben ist. Die Fenster sind voll von goldbraunen Würstchen, und wenn man an einem knuspert, ruft eine feine Stimme aus der Hütte heraus: Knusper, Knusper, Knürschen, wer knabbert an meinen Würstchen? An diesen Würstchen knabbern sie alle, von der hart arbeitenden Bevölkerung bis zum feinen Herren.

Denn der Wurst vom Bochumer Kult-Imbiss wird eine Ehre zuteil, wie sie sonst nur Legenden wie Marlene Dietrich oder Hildegard Knef vorbehalten ist: Man spricht ehrfurchtsvoll von „Die Dönninghaus" und jeder weiß, dass es um die Wurst aus der gleichnamigen Bochumer Metzgerei geht. Die lokale und überregionale Prominenz gibt sich hier die Klinke in die Hand und Herbert Grönemeyer hat die – laut Stern vom August 2004 – „vielleicht beste Currywurstbude der Welt" besungen. Die Dönninghaus ist so begehrt, dass sie auch in vielen anderen Buden des Reviers über den Ladentisch geht. Im hauseigenen Verkaufsshop kann man die sagenumwobene Sauce in Mengen vom kleinen Glas bis zum 10-Liter Eimer erwerben. Seit dem Frühjahr 2010 gibt es eine regelrechte Sensation: Nach einem Umbau werden zum ersten Mal in der bewegten Geschichte des Bratwursthäuschens auch Pommes zur Wurst angeboten.

Wat schönres gibt et nich!

Kortumstraße 18, 44807 Bochum
Tel. 0234/7981094
Öffnungszeiten: So–Do 9.30–24 Uhr, Fr/Sa und vor Feiertagen bis 4 Uhr
www.bratwursthaus.com

CURRY HEINI – SPEISEGASTSTÄTTE HÖVER, WALTROP

„Wir möchten den Leser nun bitten, sich von seinem Stuhl zu erheben und eine Weile innezuhalten. Schalten Sie Ihr Handy aus und treten Sie den folgenden Zeilen mit dem nötigen Respekt entgegen." Mit diesen ehrfurchtsvollen Zeilen beginnt der Guide Michelin der Imbissszene und Bestseller „Pommesführer RUHR" seine Huldigung auf Curry Heini. Und fürwahr ist dieser Mann und seine Speisegaststätte eine echte Legende des Ruhrgebiets. Mittlerweile führt Ludger Höver, der den Laden vor neun

Vater, Sohn und die heilige Wurst

Jahren von seinem Vater Heinrich übernahm, diese Institution zusammen mit Ehefrau und Schwester erfolgreich Richtung 50. Betriebsjahr. In seiner sympathisch direkten Art steht er seinem alten Herrn in nichts nach und begrüßt seine liebsten Kunden gern einmal mit einem fröhlichen „Ey, Du alter Tortenarsch". Zu den kulinarischen Highlights gehören jedenfalls die knusprigen Hähnchen, die vor dem Verzehr ihre „letzte Ölung" im Frittieröl erhalten, sowie die ungeschnitten servierte Currywurst mit ihrer umwerfenden Sauce. So kommt es nicht von ungefähr, dass der Kultstatus dieser Bude zahlreiche Prominente anlockt. Und wo immer es um die Wurst geht, kommen weder Fernsehen noch Presse an Curry Heini vorbei. Die Höchstwertung von 5 Pommes im „Pommesführer RUHR" spricht für sich.

Dortmunder Straße 20
45731 Waltrop
Tel. 02309/2808
Öffnungszeiten:
Mo–Sa 11–22 Uhr, So ab 17 Uhr,
Mi geschlossen
www.curry-heini.de

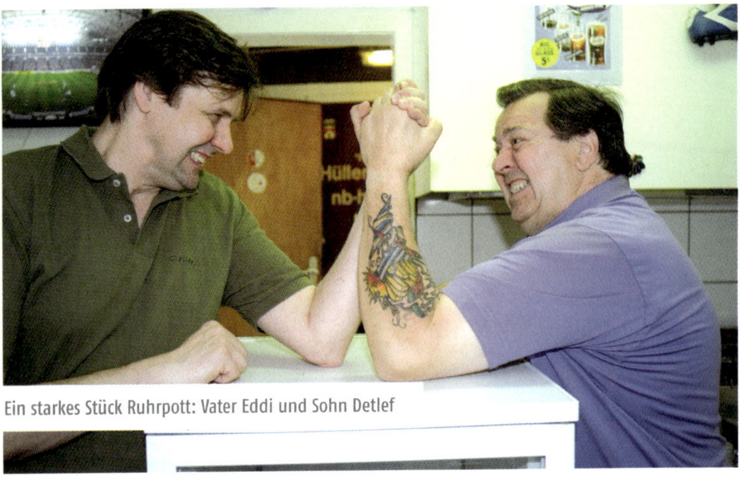

Ein starkes Stück Ruhrpott: Vater Eddi und Sohn Detlef

EDDI'S DURST- UND WURSTEXPRESS, WITTEN

„Currywürste machen dich zum besseren Liebhaber!"

Edmund „Eddi" Berkenberg muss es mit seinen beinahe sieben Jahrzehnten Lebenserfahrung ja wissen. Schließlich hat er sich voller Überzeugung und in schillernden Farben `ne Currywurst und `ne Tüte Pommes auf den Unterarm tätowieren lassen. Vermutlich wollte er damit seinem Premiumprodukt CPM ein Denkmal setzen. Verdient wäre es allemal.

Seit 1962 steht der Express in Annen und besticht auf den ersten Blick mit seiner einzigartigen Architektur, die ihm zur Krönung einen Coverplatz auf dem „Pommesführer RUHR" bescherte. Bis 1971 betrieb Eddi seinen Rundbau noch als reinen Kiosk, dann erhielt er jedoch die lang erwartete „Lizenz zum Frittieren" und startete durch. Die Ruhrnachrichten wählten auf der Suche nach den sieben Wittener Weltwundern den Imbiss nicht umsonst auf Platz 5. Eddi ist einfach eine Institution in Witten. Im Jahre 2004 übergab Eddi dann die Wurstzange an Sohn Detlef, der seitdem in bester Tradition für das leibliche Wohlergehen im schönen Annen sorgt.

Eddi widmet sich übrigens nun hauptsächlich seinen Hobbys Trecker fahren und antike Kutschen. Sein letzter Wille: „Wenn ich mal für immer flach liege, soll mein Sohn meine tätowierte Haut trocknen und im Wohnzimmer an die Wand nageln!" So sei es ...

In den Höfen 20, 58453 Witten
Öffnungszeiten: Mo–Fr 13.30–20.30 Uhr, Sa/So geschlossen

GLÜCKAUF-GRILL, DORSTEN

Nichts beschreibt das faszinierende kulinarische Spektrum des Ruhrgebiets so treffend wie der Name Rosin.

Zum einen ist da Frank Rosin, Jahrgang 1966, einer der besten und bekanntesten Köche des Ruhrgebiets.

1990 eröffnete er sein Restaurant „Rosin", zunächst in Gelsenkirchen, dann in Dorsten-Wulfen. Seine ungemein kreative und höchst anspruchsvolle Gourmetküche brachten ihm bald einen Michelinstern und 18 Punkte im Gault Millau ein. Das Gourmetmagazin „Der

Feinschmecker" kürte ihn schließlich zum „Restaurant des Jahres 09/10" bundesweit! Nebenbei kocht der Schalke Fan regelmäßig vor laufender Kamera, seit 2009 auch als Restauranttester in der Kabel 1-Fernseh-Serie „Rosins Restaurants".
Zum anderen ist da aber auch Frank Rosins Mutter Marlies. Und die ist in ihrem Metier nicht weniger geschätzt. In Dorsten-Hervest eröffnete sie 1976 ihren „Glückauf-Grill" im inzwischen denkmalgeschützten Imbisshäuschen und betreibt ihn bis heute. Und auch sie wurde in der Vergangenheit von der Fachpresse bejubelt. Und das kam nicht von ungefähr. Die goldenen Prinzipien einer guten Ruhrgebietsimbissbude werden hier bis heute gnadenlos beherzigt: Leckere, zum Teil selbstgemachte Speisen, familiäre Atmosphäre, kultige Inneneinrichtung, ordentlich was auf den Teller für wenig Geld.
Und wo sollte man zuerst hin? Am besten in den „Glückauf-Grill". Dort ist die Chance am größten, Mutter und Sohn zusammen anzutreffen.

Glück-Auf-Straße87, 46284 Dorsten
Tel. 02362/72468, Öffnungszeiten:
Mo-Sa 11-22 Uhr, So 15-22 Uhr

PETER POMMS PUSZTETTEN-STUBE, DUISBURG

2009 wurde das 60-jährige Jubiläum der Currywurst gefeiert. Die Berlinerin Herta Heuwer ließ sich am 4. September 1949 ihre „Special Curry-Bratwurst" patentieren und seitdem feiern die Hauptstädter dieses Ereignis genauso wie später den Fall der Mauer.
Doch inmitten der Feierlichkeiten platzte die Bombe: Willem Tauber, der den legendären Duisburger Grill „Peter Pomms Pusztetten Stube" in zweiter Generation betreibt, behauptete in einem Fernsehinterview: „1958 hat mein Schwiegervater Peter Johann Hildebrand den Grill eröffnet. Er war damals wahrscheinlich einer der ersten Anbieter von Pommes bundesweit." Um dann fortzufahren: „Der Vater meines Schwiegervaters hatte in den 30er Jahren eine Wurstfabrik. 1936 hat er in der Hamburger Gewürzmühle englisches Gewürzcurry gekauft. Von da an gaben die Fabrikarbeiter zu ihrer Pausenwurst das kostbare Gewürz und Tomatensauce." Das saß. Erst später wurde Willem Teuber klar, was er damit klargestellt hatte: Die Geburtsstätte der Currywurst ist das Ruhrgebiet! Die Berliner wollen das bis heute nicht eingestehen und haben kurz nach dem Interview trotzig ein Currywurstmuseum hochgezogen, in dem weiterhin das Märchen von Herta Heuwer als Erfinderin der Currywurst hochgehalten wird.
Willem Tauber ist das egal. In seinem Kultimbiss verkauft er die Currywurst schon lange als „Currylette". Dabei wird die Wurst zunächst klein geschnitten um dann sehr lange in der würzigen Currysauce zu garen. Das gibt es nur hier! Eine weitere Besonderheit sind die Pusztetten, kleine Hackfleischbällchen in pfiffig-pikanter Tomatensauce. Die sind bis heute der absolute Verkaufsschlager und deshalb auch in der Dose „für den Urlaub" erhältlich.
Wer also die ganze und einzig wahre Geschichte der Currywurst begreifen möchte, kommt um einen Besuch von Peter Pomms Pusztetten Stube in Duisburg nicht herum.

August-Bebelplatz 7
47169 Duisburg
Tel. 0203/400314
Öffnungszeiten:
tägl. 11.30-22.30 Uhr

PROFI-GRILL, BOCHUM-WATTENSCHEID

Raimund Ostendorp ist der wohl prominenteste Wurstverkäufer des Ruhrgebiets. Nachdem ihn sein beruflicher Werdegang bis in die feine Düsseldorfer Sterne-Gastronomie des „Schiffchens" führte, entschied er sich im Jahr 1991 gegen den Glanz und Glamour der Landeshauptstadt und eröffnete im bodenständigen Bochum den Profi-Grill. Und der Name der Wattenscheider Bude hält bis heute, was er verspricht. Ostendorp ist ein echter Profi. Kleinigkeiten wie die Zubereitung seiner Schnitzel – in feinstem Schmalz gewendet – oder das besondere Garnieren der Currywurst mit einem zarten Büschel Petersilie beweisen seine Koch-Kunst.

Der ungewöhnliche Lebenslauf des Grill-Meisters führte dazu, dass sich die Fernsehanstalten um ihn reißen, wann immer es um Sendungen über die landesweite Pommesbudenkultur geht. Er hat sich mittlerweile so weit hoch frittiert, dass er bei der Eröffnungssendung des ZDF zum Kulturhauptstadt Jahr 2010 zwischen dem ehemaligen Innenminister Otto Schily und Mutter Beimer auf der Bühne Platz nehmen durfte, und für Markus Lanz und die prominenten Ruhrgebietsgäste seine Kochkunst beweisen durfte.

Bochumer Straße 96
44866 Bochum-Wattenscheid
Tel. 02327/82361
Öffnungszeiten:
tägl. 11–22 Uhr
www.profi-grill.de

EMSCHER GENOSSENSCHAFT
LIPPE VERBAND

EMSCHERGENOSSENSCHAFT/LIPPEVERBAND
Kronprinzenstraße 24
45128 Essen

Informationen zu unseren Radkarten
finden Sie auf unseren Websites:

www.emschergenossenschaft.de
www.lippeverband.de

Immobilie mit sagenhafter Vorgeschichte: Burgruine Hardenstein

BURGRUINE HARDENSTEIN, WITTEN-HERBEDE

Goldemar konnte ein echter Giftzwerg sein. Kein Benehmen am Tisch. Durst für zwei. Vorlautes Mundwerk. So einen hat jeder Gastgeber gerne im Haus. Ritter Neveling von Hardenberg, Herr der Burg Hardenstein in Witten an der Ruhr, war indes über die Anwesenheit seines Untermieters alles andere als unglücklich. Erstens konnte man mit Zwergenkönig Goldemar des Abends ganz vorzüglich den ein oder anderen Becher Wein leeren, zweitens erwies sich der Kleine als eine Art Schutzpatron, der stets für volle Speisekammern sorgte und seinen Herrn rechtzeitig vor Feinden warnte, die sich in böser Absicht der Burg näherten. Und außerdem war Goldemar unsichtbar. Was sich etwa bei Feierlichkeiten auf Burg Hardenstein als echter Partykracher entpuppte. Ein unsichtbarer Zwerg, der aus dem Off die Gäste verschaukelt – da kann kein Bauchredner mithalten.

Doch die Geschichte geht schlecht aus. Ein allzu neugieriger Küchenjunge will Goldemar auffliegen lassen und lockt ihn in eine Falle, um ihm seine Tarnkappe zu entreißen. Das Manöver gelingt, der Kurze aber versteht – was seine Unsichtbarkeit angeht – überhaupt keinen Spaß. Er verschlingt den Küchenjungen und verflucht die ganze Burg, was den Wert der Immobilie erheblich schmälert. Das Geschlecht der Hardenbergs stirbt aus, die Burg verfällt zur Ruine.

So will es die Sage. 600 Jahre später sind die malerischen Ruinen der Burg Hardenstein im Ruhrtal bei Witten-Herbede

ein beliebtes Ausflugsziel. Heute sind von der Anlage, die zwischen 1347 und 1354 errichtet und im 15. Jahrhundert erweitert wurde, noch Teile des Mauerwerks und der einstigen Toranlagen sowie zwei Türme zu besichtigen. Schon ab dem 16. Jahrhundert wurde die Burg nur noch selten bewohnt, ab dem 18. Jahrhundert verfiel sie zusehends.

Um den Erhalt der Ruine kümmert sich heute der Verein der „Burgfreunde Hardenstein". Der betreibt in der Grundschule Herbede ein kleines Museum, das nach Voranmeldung besichtigt werden kann. Die Burg ist zu Fuß oder mit dem Museumszug des Eisenbahnmuseums Bochum-Dahlhausen zu erreichen, der direkt an der Burg hält. Fahrradfahrer (und natürlich Fußgänger) können zudem zwischen April und Oktober mit der kleinen Ruhrtal-Fähre übersetzen. Sie verkehrt kostenlos zwischen der Burgruine und der Schleuse in Herbede und schließt eine Lücke im Wegenetz des Ruhrtal-Radweges.

Ganz in der Nähe verläuft der neun Kilometer lange Bergbauwanderweg durch das idyllische Muttental, einer der schönsten Wanderwege im Ruhrgebiet. Das Tal gilt als eine Wiege des Kohlebergbaus im Ruhrgebiet, der Weg erschließt zahlreiche Zeugnisse und Überreste dieser Industriegeschichte, darunter Zeche Nachtigall mit ihrem Besucherstollen.

Wilhelmstraße 4
58456 Witten
Tel. 02302/9788623
www.burgfreunde-hardenstein.de

GRAB DES GRUBENPFERDES ALEX, GELSENKIRCHEN

Sie arbeiteten Seite an Seite mit den Bergleuten, atmeten dieselbe staubige Luft, litten unter derselben Hitze, erblindeten oft und wurden trotzdem bis an die Grenzen ihrer Leistungsfähigkeit angetrieben: Grubenpferde. In den Hochzeiten des Bergbaus waren allein im Ruhrgebiet mehr als 8.000 Tiere im Einsatz. Viele von ihnen sahen das Tageslicht nie wieder. Bis zu 700 Meter tief unter Tage zogen die „Kumpel auf vier Hufen" tonnenschwere Kohlenwagen. Am 22. Juni 1966 verließ mit Tobias das letzte deutsche Grubenpferd nach zwölf Jahren Dienst die Recklinghäuser Zeche General Blumenthal. Zwölf Jahre ohne Gras, ohne Auslauf, ohne Licht. Vier Jahre blieben ihm für seinen Ruhestand auf einem Bauernhof. Seit 1995 erinnert ein Modell von Tobias im Anschauungsbergwerk des Deutschen Bergbaumuseums in Bochum an das harte Leben jener Pferde, die manchmal jedoch auch so viel mehr waren als reine Nutztiere. Denn wer Seite an Seite schuftet, der teilt oft sogar das letzte Butterbrot. Und vielleicht kommt es einem anderen Pferd, einem anderen Denkmal zu, diese besondere Mensch-Tier-Verbindung zu symbolisieren: Dem Ehrenmal für das letzte Grubenpferd der Zeche Hugo in Gelsenkirchen – Alex, verstorben 1949. Initiiert wurde das Grabmal von Alfred „Don Alfredo" Konter, dem zugleich auch der Erhalt des benachbarten Schrankenwärterhäuschens nach der Schließung Hugos im Jahr 2000 zu verdanken ist.

Grubenpferd ‚Tobias' geht in Rente

Alfred Konter alias „Don Alfredo"
Horster Straße
Gelsenkirchen-Beckhausen
Tel. 0209/395790

Deutsches Bergbau-Museum
Am Bergbaumuseum 28
44791 Bochum
Tel. 0234/5877-0
Öffnungszeiten:
Di-Fr 8.30-17 Uhr,
Sa, So und feiertags 10-17 Uhr,
letzte Grubenfahrt 15.30 Uhr,
Mo geschlossen
www.bergbaumuseum.de

Günni Semmler – ein Denkmal für ein Urgestein des Ruhrgebiets

GÜNNI SEMMLER, ESSEN-RÜTTENSCHEID

Zylinder vom Sargträger, Jacke aus der Altkleidersammlung, Akkordeon von Hohner, Fahne vom Pils. In der Essener Kneipenszene war er allgegenwärtig. „Bahnhof Süd", „Ampütte", „Click": Wohin man auch kam, Günni war schon da und quetschte seine Kommode. Seit 2007 steht Günni nun da, wo man ihn kannte: Vor dem „Click" am Isenbergplatz. Als Denkmal.

Günter Semmler, geboren 1931. Vater Stuckateur („Regips-Komiker"). Mutter hatte er auch, außerdem eine kleine Schwester, die ihn nicht mochte, und eine große, die sein Talent entdeckte. Kleine Mansardenwohnung in Essen-Rellinghausen, Hitler an der Macht, Zweiter Weltkrieg. Als Bomben auf Günni fielen, da fiel auch Günni: Sein erster epileptischer Anfall. Nach dem Krieg Hilfsgärtner im Evangelischen Krankenhaus. Die große Schwester schenkte ihm sein erstes Akkordeon, und Günni lernte zu spielen. Einfach so, ohne Folkwangschule. Heirat, eine Tochter, Scheidung, Schnauze voll: Günni ging nach Köln, um ein neues Leben anzufangen. Obdachlos, immer unterwegs, immer mit Akkordeon. In Köln gaben sie ihm nicht „'ne Mark fürs Spielen, sondern fürs Aufhören". Also zurück ins Ruhrgebiet. Tellerwäscher für Millionäre im Parkhaus Hügel. Und abends mit der Quetschkommode durch die Kneipen. Viele taten ihn als Säufer ab, als Spinner. Bis Stefan Stoppok ihn entdeckte. Er produzierte Günnis Platte „Wer weint, kriegt sein Geld zurück". Originalton Günni: „Stoppok, du machs mich mein Herz am Tanzen."

Nun war der Essener Tramp berühmt. Man stelle sich vor: Günni auf dem Weg von der „Ampütte" nach Hause. Ein Streifenwagen hält. „N'Abend, Herr Semmler. Können wir helfen?" – „Ihr könnt mich nach Hause fahren." – „Aber nur, wenn Sie den Container-Song singen." Der Container-Song. Eines der wenigen Stücke der Musikgeschichte, die nie zweimal in der gleichen Version gespielt wurden. Günni Semmler, der John Lee Hooker des Ruhrgebiets. Günni singt, zieht eine Kamera heraus und lässt sich im Streifenwagen fotografieren. „Dat glaubt mir sonst keiner."

Günni war ein Clown, ein Thekenschreck, ein Netter. Er gehörte einfach dazu. Bis die Gäste nach Hause gingen. Dann war er wieder vergessen. Günter Semmler starb am 11. September 2004. Fast hätte er ein Armenbegräbnis bekommen. Doch Freunde kratzten bei einem Benefizkonzert in der „Ampütte" die Kohle zusammen. Stoppok war auch dabei. Die Menschen, für die Günni spielte, sorgten für einen letzten würdigen Auftritt. Und Günni bekam ein richtiges Grab auf dem Parkfriedhof. Nicht weit von Gustav Heinemann.

Biergarten des Café Click
Isenbergplatz/Beethovenstraße 1
45128 Essen

PLANET OF VISIONS, BOCHUM

Es sollte alles so schön werden für die Bochumer Stadtväter, das Land NRW und überhaupt. Doch der Traum ging in Rauch auf. Schutt, Asche, ein riesiges Fundament und ein Fall für die Staatsanwaltschaft ist alles, was blieb. Der „Planet of Vision“, Zuschauerattraktion auf der Expo 2000 in Hannover, sollte in Bochum als Leuchtturm für ein neues, zukunftsorientiertes Ruhrgebiet wieder auferstehen. Akt Eins des Dramas: Nachdem die landeseigene „Ruhr Projekt GmbH“ die Exponate (auch mit privaten Mitteln) für nicht wenige Euros ersteigert hatte, stellte man fest, dass der geplante Ausstellungsort, die Jahrhunderthalle, zu klein war. Akt Zwei: Rund 15 Millionen Euro sollten für den Bau einer neuen Halle in Reichweite der Jahrhunderthalle investiert werden. 2002 rückten die Bagger auf dem 17.000 m^2 großen Gelände an. Akt Drei: Spielende Kinder zündelten im August 2002 in Nähe des Planet-Zwischenlagers in Bo-Stahlhausen. Nach dem darauf folgenden Brand konnten Gutachter nur noch den Tod des visionären Projektes feststellen. Last but not least: Mit dem bereits gegossenen und nun nutzlos gewordenen Fundament fand die Geschichte kein Ende. Es folgten Anhörungen, Prüfungen und eine Klage eines Investors auf bescheidene 20 Millionen Schadensersatz gegen die „Projekt Ruhr“ und den damaligen Landesvater Wolfgang Clement. Was bleibt? Zumindest der „Leuchtturm“ ist Wirklichkeit geworden – als Erinnerung daran, dass auch kleine Kinderhände Großes bewegen können.

Zwischen Gahlensche Straße
und Jahrhunderthalle
44793 Bochum

Indian Summer bei Hattingen

RUINE ISENBURG, HATTINGEN

Beginnen wir doch ausnahmsweise mal mit dem Ende. Da lauern nämlich Mord und Totschlag. Und die machen Geschichte(n) doch bekanntlich erst so richtig lebendig. Nicht mehr so lebendig ist der Erzbischof von Köln, Engelbert von Berg, nachdem dieser im November 1225 auf der Rückreise von Soest in einen Hinterhalt gelockt wird. Was nicht nur das Ende von Engelbert bedeutet, der bei dem Überfall ums Leben kommt, sondern auch das von Burg Isenberg und ihrem Herrn Graf Friedrich.

Der nämlich hat den Erzbischof, einen Onkel zweiten Grades, auf dem Gewissen. Engelbert hat viele Feinde im westfälischen Adel, dessen Macht er beschneiden will. Und auch Friedrich von Isenberg liegt mit dem mächtigen Verwandten im Clinch. Wahrscheinlich wollte Friedrich, wie Historiker heute vermuten, den Erzbischof nicht töten, sondern lediglich gefangen nehmen. Wie auch immer – der Plan geht schief, und Friedrich von Isenberg

überlebt seine Missetat nicht lange: Ein Jahr nach dem Überfall wird er in Köln öffentlich hingerichtet.

Auch das Schicksal seiner Besitztümer – darunter Burg Isenberg – ist besiegelt. Die Vasallen des neuen Kölner Erzbischofs Heinrich von Molenark schleifen die Burg bis auf die Grundmauern. Und das nur knapp 25 Jahre nach ihrer Fertigstellung durch Friedrichs Vater, Arnold von Altena. Er hat die Burg ab 1193 bis ca. 1200 auf einem Felsen hoch über der Ruhr errichten lassen. Die Burg wird nie wieder aufgebaut, ein Erdrutsch, ausgelöst durch Arbeiten in einem angrenzenden Steinbruch, zerstört im 19. Jahrhundert weitere Teile der Ruine.

Heute erinnern nur ein paar Außenmauern an die Burg. Der Grundriss der einst so gewaltigen Anlage, die aus einer jeweils 120 Meter langen Unter- und Oberburg bestand, ist aber noch gut zu erkennen. Das schlossähnliche Gebäude, das über der ehemaligen Oberburg thront, wurde übrigens erst im 19. Jahrhundert mitten in den Ruinen errichtet: Haus Custodis erhielt den Namen von seinem Erbauer, dem Künstler und Hofbaumeister Max Joseph Custodis, der das Gebäude als Sommersitz nutzte. Heute hat hier der „Verein zur Erhaltung der Isenburg" seinen Sitz. Er unterhält ein kleines Museum und bietet zudem Führungen über das Gelände an. Ein Besuch lohnt trotz des steilen Aufstiegs schon wegen des Ausblicks auf das Tal der Ruhr, die hier in einer engen Schleife fast eine 180-Grad-Wendung vollzieht.

Am Isenberg 2, 45529 Hattingen
Öffnungszeiten:
Die Burg ist ganzjährig zugänglich.
Museum mit Cafeteria:
So und Feiertage 15–17 Uhr
(April–Oktober), sonst 14–16 Uhr
www.burg-isenberg.de

TAUBENVATTA-DENKMAL, CASTROP-RAUXEL

Die Taubenzucht war und ist ein großes Hobby im Ruhrgebiet. Das „Taubenvatta"-Denkmal am Kuopioplatz/Obere Münsterstraße erinnert an die „Rennpferde des kleinen Mannes". Der Taubenvatta ist ein Bronzeguss des Künstlers Franz Josef Kampmann, den die Stadt Castrop-Rauxel 1986 aufstellte. Der Castroper Taubenzüchter Günter Lasar stand für die Plastik mit Taube und Korb Modell. Das Denkmal steht in Verbindung zum gegenüberliegenden Eckhaus Obere Münsterstraße 37. An dessen Giebel ist ein Taubenschlag dargestellt, und auf dem Mauersims sitzt eine bronzene Taube. Dieses zweigeteilte Denkmal ist einzigartig im Ruhrgebiet.

Kuopioplatz/Obere Münsterstraße
44575 Castrop-Rauxel

6-TAGE-RENNEN, DORTMUND

„Das Einzige was stört, sind die Radrennfahrer", hörte man den einen oder anderen Partygast in Hochstimmung grölen. Noch mehr Party, noch mehr Lasershows, noch mehr bekannte Showstars waren über viele Jahre die Devise vieler Besucher. Auf der anderen Seite blieb der sportliche Wert dieses Spektakels unangetastet. Das älteste und schwerste 6-Tage-Rennen der Welt bot immer besten Sport und war stets Stelldichein der weltbesten Bahnfahrer.

Unterm Strich bleibt die Erkenntnis, das Spitzensport und Party nirgends so gut zusammenpassten wie bei den „Sixdays" in der Dortmunder Westfalenhalle.

Insgesamt 67 Mal, erstmals 1926, traf sich hier die internationale Topriege der Bahnfahrer und raste mit über 50 km/h auf dem 200-Meter-Holzoval aus sibirischer Fichte, während im Innenraum und in den Nachbarhallen das Partyvolk kreischte. Über 900 Hektoliter Bier liefen in guten Jahren durch die Kehlen der Fans – auch dies ein Spitzenwert.

Rekordgewinner in Dortmund war übrigens der Schweizer Bruno Risi, der von 1991 bis 2008 insgesamt 9 Siege errang. 2008 wurde dann auch das vorerst letzte 6-Tage-Rennen in Dortmund durchgeführt. Fehlende Sponsoren, rückläufige Besucherzahlen ... was auch immer der Grund war – die Hoffnung bleibt, dass es irgendwann „wieder rund geht".

www.westfalenhallen.de

ALPINCENTER, BOTTROP

Das Ruhrgebiet hat so seine surrealen Momente. Einer der Schönsten lässt sich mit Glück, Geduld und einer Picknickdecke sommertags am Rande der Autobahn 42 westlich von Bottrop beobachten. Das Szenario: Es ist kurz vor 9 Uhr, das Thermometer kratzt an den 20 Grad. Dann rollt er an: Ein Bus aus den Niederlanden, dekoriert mit Oranje-Flaggen und zahllosen Bieretiketten. Sein kurioser Inhalt: Eine Horde partyfreudiger und Hitze trotzender Holländer in Thermowäsche, die Skier und Snowboards im Sitzen geschultert. Ihr Ziel ist das ganzjährig geöffnete Alpincenter Bottrop, mit 640 Metern die längste Indoor-Skipiste der Welt. 2001 eröffnete das spektakuläre Projekt auf der Halde Prosperstraße mit Ski-Weltmeister Marc Girardelli als Marketinginstrument und Geschäftsführer an der Spitze. Nach wirtschaftlichen Talfahrten, Umbaumaßnahmen und Führungswechseln zählt die Halle heute zu den Top-Spass-Attraktionen der gesamten Region. Und das vor allem – wie sollte es beim alpinen Bretterln anders sein – abseits der Piste. Um Skischule und Rennevents wuchs ein Freizeitpark mit Klettergarten, Sommerrodelbahn, Skydiving und einer „stehenden Welle" für Surfer. Und nicht nur bei unseren ausländischen Nachbarn sind der höchste Biergarten des Ruhrgebiets mit seiner spektakulären Aussicht und die Aprés-Hütten mit authentischem Budenzauber beliebt. Der Fairness halber, aus Revierpatriotismus aber nur kurz, sei hier am Schluss noch die konkurrierende Skihalle im rheinländischen Neuss erwähnt.

Prosperstraße 299–301, 46238 Bottrop
Tel. 02041/70950,
Öffnungszeiten: tägl. 9.30–24 Uhr
www.alpincenter.com

Gestern wie heute: nichts für Weicheier – die Boxbude auf Crange

BOXBUDE AUF DER CRANGER KIRMES, HERNE

„Dies ist kein Streichelzoo, hier gibt's richtig auf die Schnauze!" Wenn Jessy Heinen diese Worte in die Menge ruft, dann ist klar: Hier geht's zur Sache. Heinen betreibt eine der letzten Kirmes-Boxbuden, und mit der ist er in jedem Jahr auf der Cranger Kirmes vertreten. In der „Sport-Arena", gleich neben der „Geister-Schlange" am Rhein-Herne-Kanal, treten erfahrene Boxer gegeneinander an, aber hier dürfen auch wagemutige Zuschauer in den Ring steigen. Eine der letzten Bastionen des Mannes: Gestandene Kerle versuchen ihr Glück im Kampf mit den Profis, und Frauen mit starken Nerven sehen ihnen dabei zu. 500 Euro gibt es für denjenigen, der einem der sechs Box-Haudegen den Knockout verpasst. „Hereinspaziert, hereinspaziert!", tönt es von der Bühne. Und tatsächlich: Ein 25-Jähriger aus Bochum, angefeuert von seinen Freunden, hebt den Arm.

Ohne Boxbude, so behaupten einige, wäre die Cranger Kirmes nicht denkbar. Hier drängelt sich das Publikum in Scharen – und das schon seit 50 Jahren. 1.500 Zuschauer passen in die Bude, und Heinen meldet fast immer „volles Haus". Warum? Weil es hier nach Schweiß riecht? Oder weil auf urtümliche Art und Weise geklärt wird, wer der Stärkere ist? „Weil wir unseren Gästen etwas Schönes und Bezahlbares bieten." Bezahlbar ja: Die Eintrittskarte kostet fünf Euro. Aber schön? Die Show ist gut – mit Sport hat das Ganze freilich wenig zu tun. Box-Ästheten, die sich an technisch sauberen Kämpfen erfreuen wollen, sind hier fehl am Platze, der Besucher der Boxbude will Action: Nur wenn einer wild drauflos fightet, dann rast das Publikum. Und bekommt für den Fünfer Einiges geboten: Eineinhalb Runden schafft eigentlich jeder, der nicht den Fehler macht, den Kirmesboxer zu früh zu treffen – Denn wenn der ernst macht, ist der Kampf schnell vorbei.

Der 25-Jährige aus Bochum ist übrigens zweimal zu Boden gegangen, zweimal wieder aufgestanden – und hat dann doch nach Punkten verloren. „Hat Bock gemacht", keucht er hinterher, auch wenn man das dem leicht zerbeulten Gesicht nicht ganz glauben möchte.

Cranger Kirmes
jedes Jahr im August
Dorstener Straße
Herne-Crange
www.cranger-kirmes.de

Ein Stück Heimat für Fans von Duisburg FV 08

GRUNEWALD-KAMPFBAHN, DUISBURG

Lang und gewunden zieht sich die Paul-Esch-Straße durch das Hochfelder Gewerbegebiet. Links und rechts ein paar kleine Unternehmen: Autohäuser, eine Schreinerei und einige Speditionen. Dazwischen eingefallenes Gemäuer und braches Gelände. Eine Schotterhalde auf dem ehemaligen Bahnbetriebswerk zieht sich entlang der kopfsteingepflasterten Straße. Die „Grunewald-Kampfbahn", Heimat des Traditionsvereins Duisburg FV 08, liegt eingekeilt zwischen einer Werksbahn und der Nahverkehrsstrecke von Duisburg nach Rheinhausen. Die Holzbänke und Wellenbrecher tragen den Charme vergangener Tage, auf dem Außenlautsprecher einer außer Dienst stehenden Sprecherkabine sammelt sich Moos und Rost. Neben den Fußballern ist der Strukturwandel hier zu Hause. In den Nachkriegsjahren rackerte die Mannschaft aus dem Arbeiterstadtteil sogar in der legendären Oberliga West. „Damals", sagen die Älteren am Platz und legen eine melancholische Pause ein. Sie meinen damit die Zeit, als Thyssen und die Esch-Werke den Stadtteil als Industriestandort am Leben erhielten und die 08er Duisburgs dritte Fußballkraft waren. Heute kickt die erste Mannschaft in der Kreisliga B, und Hochfeld ist „ein Stadtteil mit besonderem Erneuerungsbedarf". Sonntags kommen nur noch wenige Zuschauer zu Fußball und Kaffee & Kuchen und Bier & Bratwurst. Und wenn man in der Kampfbahn aufmerksam lauscht, kann man neben vereinzelten Anfeuerungsrufen, dem Ächzen und Stöhnen der Spieler und dem Rattern des vorbeirauschenden Zuges auch den Pulsschlag der Zeit vernehmen.

Paul-Esch-Straße 25
47053 Duisburg
Tel. 0203/62653

RECKLINGHÄUSER MARKTPLATZSPRINGEN

Sei 1982 wartet die Stadt Recklinghausen mit einem ungewöhnlichen Sportevent mitten in der Altstadt auf; dem Recklinghäuser Marktplatzspringen.

Dahinter verbirgt sich nicht etwa kollektives Sackhüpfen, sondern anspruchsvoller Stabhochsprung. Was als Werbegag mit einem Sprung über einen Wohnwagen begann, ist heute ein Sportevent erster Klasse.

Einmal im Jahr verwandelt Organisator Hans Timmermann im Rahmen der „Woche des Sports" den idyllischen Altstadtmarkt in eine bunte Sportarena. Auch für Topstars aus der nationalen und internationalen Stabhochsprung-Szene kein leichtes Pflaster. Denn schließlich sind die Rahmenbedingungen äußerst anspruchsvoll.

So der schmale Laufsteg, der zudem noch mit seinem schnellen Belag für hohe Anlaufgeschwindigkeiten sorgt. Oder die extremen Windverhältnisse. Schließlich ist der Altstadtmarkt von Häusern umgeben und die Seitengassen sorgen für unberechenbare Luftströmungen.

Wegen dieser Widrigkeiten wagen nur technisch versierte Athleten den Sprung ins Ungewisse. Darunter immer namhafte Athleten. Hier gaben sich schon deutsche Meister, Europameister und Olympiasieger den 5,00 – 5.20 m langen Stab in die Hand. Seit 1994 gehen hier auch weibliche Athletinnen auf den Anlaufsteg. Rekorde halten der Südafrikaner Okkert Brits mit 5,82 m und bei den Frauen Yvonne Buschbaum mit 4,57 m.

Das Recklinghäuser Marktplatzspringen bedeutet auf jeden Fall Nervenkitzel pur. Bleibt zu hoffen, dass die Stadt als Veranstalter, der Recklinghäuser Leichtathletik Club als Ausrichter und der Organisator Hans Timmermann diesem Event „weiterhin die Stange halten".

Markt 1
45657 Recklinghausen
www.marktplatzspringen-re.de

Springtime im Mai

SKILIFT LANDHAUS SIEBE, HATTINGEN

Was dem Holländer sein Sauerland, ist dem Ennepetaler seine Elfringhauser Schweiz. Wenn es hier schneit, heißt es in Hattingen und Umgebung „Ab zum Siebehang!".

Das Mekka der Ennepetaler Winterfreunde liegt im sogenannten Wodantal beim Landhaus Siebe. Hier preschen bei guten Schneeverhältnissen Hunderte die 300 m lange Piste herunter.

Nicht nur die Piste ist ein Highlight. Der Gastronom Gustav Adolf Siebe betreibt auch seit rund 20 Jahren den einzigen Freiluft-Skilift im Ruhrgebiet. Dieser kann nach drei Tagen Aufbauzeit in Betrieb genommen werden.

Während das Fußvolk mit Schlitten und Gummireifen den Berg hoch stapfen muss, können sich Ski- und Snowboardfahrer dann ganz bequem mit dem 220 m langen Skilift zum Gipfel ziehen lassen. Oben angekommen wartet dann die "Hütten" mit Glühwein, Bratwurst und Waffeln. Fast wie in Vorarlberg.

Auch in der Partyscheune oder im Restaurant ist bei Hochbetrieb gute Stimmung angesagt. Während draußen ganz Versessene noch bei Flutlicht die Piste runterrasen, werden hier die Aprés-Ski-Freuden genossen.

Bleibt zu hoffen, dass noch viele weiße Winter den Skilift in Schwung halten – und die Holländer nichts von diesem Geheimtipp erfahren ...

Am Stuten 29
45529 Hattingen
Tel. 02324/5980-0
Öffnungszeiten:
bei Schnee tägl. 14-17 Uhr,
Fr 14-21 Uhr, Sa 11-21 Uhr, So 11-17 Uhr
www.landhaus-siebe.de

Zeugnis glorreicher Fußballerfolge des SC Westfalia Herne – Tribüne im Stadion am Schloss Strünkede

STADION AM SCHLOSS STRÜNKEDE, HERNE

Müde schleppen sich die Rauchfahnen aus dem großen Schornstein des Heizkraftwerkes über den kristallblauen Himmel. Die kahlen Bäume auf dem Erdwall lassen einen Blick über das Spielfeld hin zu Bürgerhäusern und Industrie zu. Unten am Zaun vor der Tribüne flattert ein blau-weißes Stück Stoff: „Viva Westfalia". Manchmal überdauert ein Erfolg die Zeit und gerinnt zur Legende. 1959 wurde der SC Westfalia Herne sensationell Westmeister der Oberliga West und bis heute ist der Mythos dieser Elf nicht verklungen. Die junge Mannschaft mit zuvor unbekannten Spielern wie Hans Tilkowski und „Atom-Otto" Luttrop lebte Ende der 1950er Jahre den Traum, den viele Menschen im Wirtschaftswunderland hatten: Durch harte Arbeit und unermüdlichen Kampf ganz oben anzukommen. Im Jahr des Erfolges stampfte der Vorstand die Haupttribüne aus dem Boden und vergrößerte das Fassungsvermögen des Stadions

auf über 30.000 Zuschauer. Heute, Westfalia kickt mittlerweile nur noch fünftklassig, illustrieren die knapp 500 Interessierten nur noch die Leeren des weiten Runds. Der imposante Eingang vom Park her mit seinen Kassenhäuschen und Durchlässen ist längst geschlossen, das Tribünendach bröckelt vor sich hin, und auf der Gegengeraden warten hellblau angestrichene Wellenbrecher und ausgetretene Stehtraversen auf die Massen. Aber es gibt auch Leidenschaft im Kleinen. Mit Pommes, Currywurst und einem Stück Kuchen vom Milchbauern, der auch Hauptsponsor des Traditionsvereins ist. Sonntags mutet das Stadion am Schloss Strünkede daher wie viele ehrwürdige Kirchen im Revier an: Es finden sich zum Anpfiff um 15 Uhr nur wenige Menschen ein, aber die, die kommen, sind wahrhaftige Gläubige.

Westring 260
44629 Herne
Tel. 02323/23449 (abends)
www.westfalia-herne.de

SWIN GOLF, ESSEN

Unter dem Motto „Einlochen" kann auf dem Rutherhof so manche Stunde verbracht werden. Bestückt mit hartem Eisen und passenden Bällen ist ausgiebiges Vergnügen vorprogrammiert.
Die Rede ist selbstverständlich vom Trendsport Golf. Doch muss hier nicht etwa in Knickerbocker, Pullunder und Schiebermütze das „Green" bespielt werden. Auch eine geräumige Limousine mit süddeutschem Ursprung ist nicht notwendig, um einen Parkplatz am Clubhaus (dem „Swin Inn") zu bekommen. Beim Swin Golf in Essen Kettwig ist es sehr viel entspannter und so wird in ungezwungener Atmosphäre auch gern mal in Flip-Flops und Bermudas abgeschlagen.
Ein (Allround-)Schläger der für jede Distanz passend ist, kann ausgeliehen werden und die passenden Bälle können am ersten und einzigen Swin-Golf-Ballautomaten des Ruhrgebietes gezogen werden. Auf gepflegtes Gras, das sich leider abseits des Spielens zu keinem weiteren Zweck eignet, muss trotzdem nicht verzichtet werden. Es darf sogar mit handelsüblichem Schuhwerk betreten werden. Ganz wie beim Original dagegen ist der Spieler auch hier 18 Mal herausgefordert, möglichst unter „Par" zu spielen. Zwar kann auf dem über 11 ha großen Platz getrost auf Badekleidung verzichtet werden, da weder Seen noch Teiche die fehlgeschlagenen Bälle verschlucken, doch bietet sich mitunter das Tragen eines Tarnanzuges an, um bei der Ballsuche auf dem angrenzenden Felde nicht vom darauf empfindlich reagierenden Bauern aufgespürt zu werden.

Ruther Weg 39, 45133 Essen Schuir
Tel. 0201/492468
www.swin-golf-essen.de

TRABRENNBAHN GELSENKIRCHEN

Auf der Trabrennbahn mittags um eins, ob du ein Pferd hast oder auch keins, amüsierste dich, denn hier trifft man sich – in Gelsenkirchen-Rotthausen, nicht etwa in Mainz.
Wer noch niemals in launiger Runde einen Trabrennbahn-Tippschein gelöst ist ein armer Wicht, denn er kennt sie nicht, diese knisternde Spannung beim Turf.
Auf dem beeindruckenden Gelände des ehemaligen Flugplatzes Essen/ Gelsenkirchen-Rotthausen wird seit 1912 getrabt bis die Hufe glühen. Auch bei Sonderveranstaltungen aller Art wird auf dem weitläufigen Oval Unterhaltung geboten. In- und Outdoor-Haustierveranstaltungen mit Brieftauben und schönen Hunden auf dem „dog-walk", Teddybär-Messen und der viermal in der Woche stattfindende Flohmarkt machen die Trabrennbahn zu einem beliebten Treffpunkt nicht nur für Vierbeiner. Seit Jahren wird hier auch das kurdische Kulturfest „Yek-Kom" gefeiert, bei dem es immer hoch her geht. Noch mehr stimmungsgeladene Atmosphäre gab es nur beim Public Viewing zur Fussball-Weltmeisterschaft 2006, als hier unter anderem zahlreiche englische Fans ihre Mannschaft beim Viertelfinale gegen Portugal unterstützten.
Ein Bummel über die Trabrennbahn lohnt sich bei jeder Jahreszeit, ob du nen Mädel hast oder ob keins.

Nienhausenstraße 42
45883 Gelsenkirchen
www.gelsentrabpark.de

WERKSSCHWIMMBAD DER KOKEREI ZOLLVEREIN, ESSEN

Tauchen in zusammengeschweißten Überseecontainern, Sonnendecks inmitten von Schornsteinen, Sommerspaß zwischen Rohranlagen und Transportbändern? Gibt´s wirklich und nur hier, mitten im Weltkulturerbe Zollverein. In den warmen Monaten trifft man sich im Werksschwimmbad der alten Kokerei zum Köpper am Kopf der Koksofenbatterie 9. Einfach cool!
Der strahlend blaue Pool inmitten von rostig-roten Industrierelikten wurde 2001 von den Frankfurter Künstlern Dirk Paschke und Daniel Milohnic zusammengeschweißt. Eine künstlerische Skulptur, die zum Symbol für den Strukturwandel des Ruhrgebiets taugt, weil sie dort Fun und Action bietet, wo früher der Koks gelöscht wurde. Heute schützt man sich hier vor Sonnenbrand. Und die Abkühlung gibt´s höchst unkonventionell auf einer Schwimmfläche von 5 x 12 Metern.
Dass der Ort auch für Heimat-Werbung taugt, zeigte ein Auftritt der Olympia-Schwimmerin Anne Poleska im Jahr 2009. Ihr Auftrag: Fotogenes Untertauchen im Werksschwimmbad – für eine Imagekampagne des Landes Nordrhein-Westfalen auf der Internationalen Tourismusbörse Berlin.
Wer mal reinschauen möchte, aber die Badesachen vergessen hat: Kleine Gucklöcher, die unterhalb des Wasserspiegels in das schwere Metall der beiden Container gefräst wurden, geben einen (für beide Seiten) ungewöhnlichen Blick frei.

Arendahls Wiese
45141 Essen
www.industriedenkmal-stiftung.de

Schwimmbad vor imposanter Stahlkulisse

LAMAWANDERN, GELSENKIRCHEN-BUER

Das Angebot der Diplom-Sportlehrerin Beate Pracht ist nichts für Dickschädel. Sie bietet Wanderungen mit ihren fünf Lamas für diejenigen an, die sich einem tierischen Abenteuer stellen wollen. Die Herausforderer sind Caruso, Hannibal, Dancer, Kasimir und Diego. Einerseits sanftmütig und kuschelweich, anderseits eigensinnig und selbstbewusst. Und so stellt eine Wanderung die Teilnehmer, vom hart gesottenen Manager bis zum hyperaktiven Kind, vor echte Herausforderungen. Denn Eines ist klar: Lamas lassen sich – ebenso wie die meisten Menschen – nicht durch Drohungen oder Machtbekundungen beeindrucken. Da müssen schon andere Tricks aus dem Hut gezaubert werden, um ein Lama in die gewünschte Richtung, zum Beispiel auf die Halde Rungenberg, zu bewegen. Wer es schafft, wie ein Lama-Flüsterer mit den Lamas auf Augenhöhe zu kommen, wird mit einem Erfolgserlebnis belohnt werden!

Ob die Wanderer neue Herausforderungen oder ihr Glück in Gelsenkirchen-Buer suchen – alle gehen als neuer Mensch nach Hause: Mit mehr Achtsamkeit und einer höheren Selbstwahrnehmung. Wer also Erleuchtung á la „Dalai"-Lama sucht, kann mit einem echten Lama an seiner Seite über den Dächern des Ruhrgebiets nicht nur hierüber, sondern auch über sich selbst einen Überblick bekommen.

Die vierbeinigen Lamas sowie ihre erleuchteten Kollegen in Tibet spucken übrigens nur ihre Artgenossen an, bei Futterneid. Deshalb sollten Lamawanderer besser den Lamapulli zuhause lassen. Man weiß ja nie ...

Beate Pracht
Tel. 02864/884681
www.prachtlamas.de

Können diese Augen lügen?

PFERDEMARKT, BOTTROP

Einmal jährlich leben bäuerliche Traditionen in der Bottroper Innenstadt wieder auf: Dann ziehen Pferde und Kutschen auf, zeigen Hufschmiede und Sattler ihre alte Handwerkskunst. Hobbyreiter, Händler und Besucher erleben beim Pferdemarkt die Atmosphäre bäuerlicher Zeiten. Große und kleine Pferde, Ponys und Esel traben durch die City, lassen sich von Schaulustigen bewundern und von Kaufinteressenten kritisch prüfen. Nach einem Blick ins Maul hat hier manches Ross einen neuen Reiter gefunden. „Per Handschlag" wird beim Pferdekauf der Handel besiegelt.

Mehrere zehntausend Besucher besuchen jährlich dieses Spektakel. 1984 fand nach 60-jähriger „Pause" wieder ein Bottroper Pferdemarkt statt, seither ist das Interesse am Pferdehandel ungebrochen. Seinen Ursprung hat der Pferdemarkt wie alle Bottroper Märkte zu Beginn des 15. Jahrhunderts. 1432 wird er erstmals urkundlich erwähnt.

Heute ist der Markt nicht nur Treffpunkt von Käufern und Verkäufern. Viele Besucher genießen einfach gerne die ursprüngliche Atmosphäre und lieben es, wenn die ganze Stadt „nach Pferd" riecht. Kutschfahrten ins Grüne, Ponyreiten für die Kleinen und ein buntes Rahmenprogramm machen die Bottroper City an diesem Tag zu einem Treffpunkt für große und kleine Pferdeliebhaber.

Am Kirchplatz (St. Cyriakus, Bottrop)
letzter So im April, 11–18 Uhr

REPTILIENPENSION, GLADBECK

Der echte Highlander kommt aus dem Ruhrgebiet! Zwischen den Hügeln der nördlichen Kohlehalden lebt Ralph Dorroch. Seine Familie stammt aus Schottland und hat sich dort vor langer Zeit mit dem großen Clan der Mc Donald's zusammengetan. In seinem Geschäft in Gladbeck preist Ralph Dorroch seit über 20 Jahren auch die Lebensart seiner Vorfahren. Besonders der original schottische Kilt, von Kulturbanausen einfach Schottenrock genannt, hat es ihm angetan: „Es gibt nichts Bequemeres!". Immer mehr Menschen tragen inzwischen den Kilt, weiß der Hüne zu berichten, und deshalb gehört das Kleidungsstück zu seinen Verkaufsschlagern. Nebenher betreibt der Naturliebhaber auch einen schwunghaften Handel mit Messern und Schwertern aller Art. Und wenn es die Zeit erlaubt, schmiedet er höchstpersönlich ein Exemplar von Hand.
Seine eigentliche Passion gilt aber den Reptilien und hier besonders den Schildkröten („die sind mein Lebensinhalt"). In seiner „Turtle Klinik" pflegt er kranke Schildkröten wieder gesund, in der „Turtle Pension" können die Tiere für eine Zeit in gute Hände gegeben werden. Der Tierheilpraktiker achtet dabei strengstens auf artgerechte Haltung. Und natürlich wird auch gezüchtet. Insbesondere die südamerikanischen Waldschildkröten Dorrie und Balthasar sorgen regelmäßig für Nachwuchs.
Mit all den verschiedenen Tätigkeitsfeldern gibt sich Ralph Dorroch allerdings noch lange nicht zufrieden. So eröffnet der Esoterik-Freak in Kürze seine „Hexenstube" inklusive Meditationsraum.
Bleibt die Frage aller Fragen: Was trägt der Mann eigentlich unter seinem Kilt?

Sandstraße 22a
45964 Gladbeck
Tel. 02043/9570642
Öffnungszeiten:
Di–Fr 12–18 Uhr,
Sa 12–14 Uhr

Typisch Schotte: Ralph Dorroch hält seine Kröten zusammen

SCHLIEPERS STRAUSSENFARM, ESSEN

Strauße leben vornehmlich im Süden – genauer gesagt im Essener Süden. Zwar entstammt der Urstrauß vor 55 Mio. Jahren eher zentralasiatischen Regionen, doch bereits 54.998.001 Mio. Jahre später besiedelten einige Exemplare des Struthio Camelus, wie der Lateiner zu sagen pflegt, das südliche Ruhr-Revier nahe des Baldeneysees. Ben und Fatima waren die ersten extrem fortpflanzungsfreudigen Bewohner der Essener Farm, auf der im Sommer inzwischen bis zu 160 Tiere wohnen.

Dieses in unseren Breitengraden eher selten gehaltene Nutztier birgt, nach Aussage der Inhaber Uwe und Ulrike Schlieper, zahllose Vorteile. Nicht nur, dass das Fleisch besonders schmackhaft, mager und cholesterinarm sei, auch das Leder, gern in Form von Taschen oder Portemonnaies getragen, sei äußerst strapazierfähig und dennoch elegant. Für alle Putzneurotiker mit Ästhetikanspruch hier noch eine natürliche Alternative zum Microfasertuch. Der Straußenstaubwedel aus echten Federn belegt nicht nur Stilsicherheit bei der häuslichen Reinigung, sondern verfügt zudem über die Eigenschaft der natürlichen Antistatik.

Tipp: Das hauseigene Restaurant. Hier gibt's die dicksten Eier des Reviers! Mit 1.500 g Gewicht und einer Sättigungsreichweite bis zu einer Fußballmannschaft pro Ei kann hier problemlos der Proteinhaushalt aufgebessert werden.

Rutherweg 39
45133 Essen
Tel. 0201/492468
www.schliepers-straussenfarm.de

TAUBENKLINIK, ESSEN-KATERNBERG

„Rennpferd des kleinen Mannes", „Ratten der Lüfte". Warum ausgerechnet Säugetiere zur näheren Bezeichnung eines Vogels herhalten müssen, sei mal dahingestellt. Fest steht: Was Tauben betrifft, gehen die Meinungen weit auseinander. Liebhaber jedoch haben meist schnell ihren Schlag weg. Und der ist gerade im Ruhrgebiet Heimstatt vor allem für Brieftauben.

Keine Frage: Hier geht es um großen Sport, um Spitzengeschwindigkeiten von bis zu 120 Stundenkilometern und um mehrere tausend Euro teure Tiere. Doch wo geflogen wird, da fallen Federn. Kein Wunder also, dass sich der Verband Deutscher Brieftaubenzüchter schon früh Gedanken um die fachgerechte Versorgung seiner Vögel machte. 1972 rief man eine bis dahin einmalige Einrichtung ins Leben; die Taubenklinik. Zunächst ansässig im Essener Süden, in einem ehemaligen Schulgebäude in Kupferdreh, wagte man 2006 den Schritt in die große Investition und mitten rein in den Norden der Stadt. Man zog dorthin, wo der Züchter noch der „Taubenvatta" ist: Auf das Gelände der Zollverein-Schachtanlage 4/5/11 in Katernberg.

Und die Neue ist „vom Feinsten": Ausgestattet mit modernen Operationssälen, eigenem Labor und diversen Möglichkeiten zur ambulanten und stationären Behandlung bietet sie eine perfekte Rundum-Versorgung für Federvieh jedweder Art. Einzelkäfig und Chefarztvisite inklusive. Die echten Rennpferde übrigens stehen gleich um die Ecke – auf der Trabrennbahn Gelsenkirchen.

Katernberger Straße 115, 45327 Essen
Tel. 0201/848390
www.brieftaube.de

Besser die Taube in der Hand
als 'nen Spatz auf'm Dach

LAGE

Vor 150 Jahren verstand man unter „Ruhrgebiet" nur das Land an der mittleren und unteren Ruhr. Der Name tauchte Ende des 18. Jahrhunderts zum ersten Mal auf, um 1830 war er bereits als fester Begriff in Büchern zu finden. Offiziell ist der Name Ruhrgebiet seit 1919 gebräuchlich, als er erstmals im Vertrag von Versailles verwendet wurde.

Das Ruhrgebiet liegt im Schnittpunkt des Rheinischen Schiefergebirges, der Westfälischen Tieflandebene und der Niederrheinischen Ebene. Im Süden reicht das Gebiet bis ins Bergische und Märkische Land mit den letzten Ausläufern des Steinkohlengebirges südlich der Ruhr. Nördlich der Ruhr schließen sich die Lößebenen der Hellwegzone und die Emscherniederung an. Im Norden des Lippetals geht das Ruhrgebiet in die Münsterländische Bucht über.

Oder anders: Eckpunkte sind im Nordosten Hamm und im Nordwesten Wesel, im Südwesten Duisburg und im Südosten Hagen. Im Allgemeinen sind die „Grenzen" auf den 1920 gegründeten Siedlungsverband Ruhrkohlenbezirk zurückzuführen, dem heutigen Regionalverband Ruhr (RVR). Die größte Ausdehnung des Ruhrgebiets beträgt von Osten nach Westen 116 km und von Norden noch Süden 67 km. Die Entfernung zum Erdmittelpunkt beträgt etwa 6.370 km.

EINWOHNER

Mit 5,3 Millionen Menschen ist das Ruhrgebiet hinter London und Paris der drittgrößte Ballungsraum Europas und hat mehr als 3500 mal so viele Einwohner wie Gerdau in der Lüneburger Heide – allerdings nur dann, wenn man zu Gerdau auch die Ortsteile Bargfeld, Barnsen, Bohlsen, Groß Süstedt und Holthusen II dazurechnet, aber das ist ein anderes Thema.

Eine allgemein anerkannte Eigenbezeichnung der im Ruhrgebiet lebenden Menschen existiert nicht. Gelegentlich findet sich die Bezeichnung „Ruhri", wenn zum Ausdruck gebracht werden soll, dass das gesamte Ruhrgebiet als Heimatregion gemeint ist. Die Verwendung dieses Begriffs durch Außenstehende kann aber zu Irritationen führen oder gar als despektierlich empfunden werden.

Man sagt den Menschen im Ruhrgebiet nach, nicht besonders höflich, aber direkt zu sein. Das heißt, man kommt mit ihnen ins Gespräch, ob man will oder nicht. „Gerne laden sie Auswärtige ein, zu kommen, um ihren Begriff von Schönheit zu erweitern", schreibt der Kabarettist, Schriftsteller und Bochumer Frank Goosen. „Eine mittelalterliche Garnisonsstadt mit Fachwerkhäusern und Fürstenresidenzen schön finden, das kann jeder. Aber auf dem Gasometer in Oberhausen stehen, sich umgucken und sagen: Wat 'ne geile Gegend – das muss man wollen."

ANREISE / EINREISE

Durchfahren wäre kein Problem, wenn nur die Staus nicht wären. Aus allen Richtungen führen Autobahnen ins Revier, vor allem im Berufsverkehr geht dann nichts mehr. Stauliebhaber kommen vor allem auf der A40 auf ihre Kosten. Kenner schätzen etwa den Abschnitt zwischen Essen-Kray und Gelsenkirchen. Überhaupt ist das Ruhrgebiet durchzogen von Autobahnen und Eisenbahnlinien, Flüssen und Kanälen. Eine Stadt geht unbemerkt in eine andere über, nur dadurch zu unterscheiden, dass die geparkten Autos am Straßenrand unterschiedliche Autokennzeichen haben. Dableiben ist schwieriger als durchfahren: Parkplätze in den Städten sind Mangelware.

Das Ruhrgebiet selbst hat nur einen internationalen Flughafen: Dortmund Airport. Der Flughafen Düsseldorf ist zwar wichtigster Airport im Einzugsgebiet, aber Düsseldorf gehört bekanntlich nicht zum Ruhrgebiet. Verfechter einer „Ruhr-Stadt" plädieren allerdings dafür, den Dortmunder Flughafen in

„Ruhr-Ost" und den Flughafen Düsseldorf in „Ruhr-West" umzubenennen – aber nur unter der Voraussetzung, dass der Rest von Düsseldorf auf gar keinen Fall auch noch zur „Ruhr-Stadt" gehört. Lassen Sie sich nicht erzählen, dass Weeze zu Düsseldorf oder gar dem Ruhrgebiet gehört. Weeze ist eigentlich schon fast Holland.
Die Ein- und Ausreise ins Ruhrgebiet ist zu jeder Uhrzeit gestattet und das sogar mehrmals täglich. Mitglieder des FC Bayern München benötigen bei Aufenthalten von mehr als 90 Minuten plus Nachspielzeit ein Visum.

GESUNDHEIT

In den siebziger Jahren war die Ruhr klinisch tot, erstickt am industriellen Erfolg des Ruhrgebiets. Heute lebt der legendäre Fluss wieder und versorgt Millionen mit ungechlortem Trinkwasser. Impfungen sind daher nicht mehr vorgeschrieben.
Personen mit Mayo-Unverträglichkeit ist vom Verzehr von so genannten „Pommes rot-weiß" abzuraten. Im Süden Dortmunds wird zur Malaria-prophylaxe geraten: Hier befinden sich die tropischen Pflanzenschauhäuser des Botanischen Gartens Rombergpark.

SICHERHEIT

Vor dem Besuch der Stadt Dortmund in blau-weißer und der Stadt Gelsenkirchen in schwarz-gelber Kleidung wird eindringlich gewarnt.
Abgesehen davon wird Sicherheit im Ruhrgebiet groß geschrieben – im Gegensatz etwa zu Metropolen wie London oder New York, wo man safety immer noch klein schreibt.
Angelsachsen stoßen nicht nur auf orthografische Tücken. Das amerikanische State Department warnt seine Bürger vor allem vor den Risiken im Straßenverkehr. Die ungewohnte „high speed" auf den „german autobahnen" (die dort weder übersetzt noch groß geschrieben werden) berge ein hohes Unfallrisiko. Die Wahrheit über das Tempo auf Autobahnen des Ruhrgebiets ist natürlich eine andere. Was heißt „Stau" auf Amerikanisch? Emscherschnellweg. Das britische Foreign Office warnt seine Bürger vor den wilden Riten, vor allem vor denen am „Women's Day", an denen Frauen das Recht haben, Männern die Krawatte abzuschneiden. „Women's Day" sei am Donnerstag vor „Ash Wednesday". Außerdem sei es „illegal and dangerous" die Straße zu überqueren, wenn die Fußgängerampel rot zeigt. Auch dürfe man keine Rennen oder Rallyes auf deutschen Straßen fahren. Wie übersetzt man „inoffizielle Rennstrecke" ins Englische? B1.

REISEZEIT

Das Ruhrgebiet ist ein ganzjähriges Reiseziel. Das Klima wird durch einen atlantischen Einfluss beherrscht: Kühlgemäßigte Sommer und mäßig-kalte Winter, hohe Luftfeuchtigkeit und starke Bewölkung. Die Winter sind zu lang, die Sommer und die Skihalle in Bottrop zu kurz.

KLEIDUNG

Sollte getragen werden.

WÄHRUNG

Trotz Strukturwandels sollte man auch im Ruhrgebiet immer genügend Kohle dabei haben. Seit 1999 ist die Mark nur noch 50 Cent wert: Die offizielle Währung ist der Euro. Alle gängigen Kreditkarten werden akzeptiert, in Dortmund warnt die Polizei jedoch vor dem Gebrauch der Knappenkarte, die nur Auf Schalke gilt.

ELEKTRIZITÄT

Stromspannung und Steckdosen im Ruhrgebiet entsprechen denen in Deutschland, ein Adapter oder Mini-Kohlekraftwerk ist nicht notwendig.

VERKEHR

Die öffentlichen Verkehrsmittel, so genannte Öffis, werden im Verkehrsverband Rhein-Ruhr (VRR) betrieben. In einigen Städten gibt es U-Bahnen. Zwischen den Städten verkehren S-Bahnen und Regionalexpresse (RE) der Deutschen Bahn, es gibt ein einheitliches Tarifsystem. Die Frequenz der Verbindungen ist sehr hoch, ebenso wie die Verspätungsrate, auf die aber Verlass ist. Man kommt tagsüber alle 10 bis 20 Minuten fast überall hin, nach 23 Uhr allerdings nur noch schwer wieder zurück.

Auto: Die Schederhofstraße in Essen ist verkehrsberuhigte Zone – allerdings erst seit der Aufstellung so genannter „Verrichtungsboxen" an der Gladbecker Straße. Abgesehen davon entsprechen Verkehrszeichen und Verkehrsregeln im Großen und Ganzen denen im sonstigen Mitteleuropa.

Tipp: Rechtzeitig zum Feierabend bietet sich Autofahrern und Naturliebhabern gleichermaßen die wunderbare Gelegenheit, bei Schrittgeschwindigkeit die bunten Schallschutzmauern auf der A 40 in ihrem natürlichen Lebensraum zu beobachten. Um diese putzigen, lattenhaften Gesellen auf wissenschaftlicher Basis einordnen zu können, wurden sie vielerorts mittels Sprühdose markiert. Die dafür verantwortlichen freiwilligen Wildhüter bezeichnet man als „Sprayer".

EINKAUFEN/ ÖFFNUNGSZEITEN

Die Bude hat lange auf und die Tanke immer. Mehr brauchse nich wissen.

KÜCHE

Entgegen weitläufig verbreiteter Vorurteile ernährt sich der Eingeborene nicht ausschließlich von Currywurst mit Pommes. Vor allem im westfälischen Teil des Ruhrgebiets anzutreffen ist der Pfefferpotthast, mit Zwiebeln in Schmalz angebratenes, danach mit Zitrone und Kapern in einer Brühe geschmortes Rindfleisch, serviert mit Salzkartoffeln und eingelegtem Gemüse wie Gewürzgurken oder Rote Beete.

Sehr wichtiger Bestandteil der Ruhrgebietsküche: Flönz (Blutwurst). Gerichte, die damit in Zusammenhang stehen: Panhas, meist aus Hackfleisch, frischer Leber- und Blutwurst hergestellt und mit Himmel un Ääd (Stampfkartoffeln und Apfelmus) serviert; Möppkenbrot aus gekochten Blutwurstklößen; Schlodderkappes, ein Eintopfgericht aus abwechselnd geschichtetem Weißkohl und Kartoffeln, zu dem natürlich Blutwurst gereicht wird.

Ergänzt werden diese Spezialitäten durch die Grundnahrungsmittel Kartoffelchips, Flaschenbier und Bonbons, die hier aber „Klümpchen" heißen.

TRINKGELD

In Restaurants geben Einheimische entweder gar kein Trinkgeld oder lediglich fünf Prozent. Von auswärtigen Gästen wird im Allgemeinen ein Trinkgeld von zehn Prozent erwartet, es fehlt jedoch eine verbindliche Regelung. Richten Sie sich mit Ihrem Trinkgeld nach Ihrer Zufriedenheit mit dem Essen und danach, für wie bedrohlich Sie das Verhalten der Servicekräfte empfinden.

Ruhr Tourismus GmbH
Centroallee 261, 46047 Oberhausen
Tel. 01805/181620
www.ruhr-tourismus.de

Regionalverband Ruhr
Kronprinzenstraße 35, 45128 Essen
Tel. 0201/2069-0
www.rvr-online.de